IQ＋EQ
＝
総合知性

心の知能指数を高める習慣

HOW TO IMPROVE
EMOTIONAL INTELLIGENCE QUOTIENT

三浦 将
SHOMA MIURA

CROSSMEDIA PUBLISHING

■ プロローグ

知能と知性の違い

　情報技術を始めとするテクノロジーの発展に伴い、世界は急速に変化しています。これまでの生活や、働き方なども、大きく変わり、その変化は今後さらに加速していくことでしょう。

　その流れの中で、我々は、ときに、大きな転換を余儀なくさせられる事態をも起こることを予測しておかなければなりません。そして、それらを乗り越えるためには、これまでにない対応と順応をする準備を整えておく必要があります。

そんな中、
あなたはどんな毎日を過ごされているでしょうか？
そして、どんな気持ちや思いがあるでしょうか？

・AIの発展による職種の淘汰、仕事においての英語の必須化、ジョブ型雇用への転換の兆しなど、「これまでの自分では通じなくなる」という将来への不安がある
・そんな不安の中、「そろそろ自己変革しないとまずい」と思いながらも、流され気味の毎日を送っている
・時勢にうまく対応する人を見て、羨ましく思い、ついいろいろなものに手を出してみるが、いかんせん散漫になっている感じを拭えない
・本を読んだり、ネットの有料コンテンツを定期購読したりし

て、努力はしているが、「自分は所詮こんなものなのかな」と
　思うことがある

　世の中に出回る情報が、指数関数的に膨れ上がる中、知識やスキ
ルのアップデートだけでは通じないことを我々は感じています。ま
た、「いい大学に入って、いい会社に就職する＝人生の成功」とい
う時代は、とうの昔に終わっています。

　学歴や肩書きの勝負ではなく、ことを起こして進めていく力、そ
して共感ベースで他者を巻き込んでいく力が求められる時代が、す
でにやってきているのです。それは、会社員であろうと、独立起業
している人間であろうとみな同じです。

　そんな中、注目したいのが、心の知能指数と呼ばれるEQ(Emotio
nal Intelligence Quotient)。

　EQは、自分自身と他者を理解しながら、自分の感情をコント
ロールすることで、最適な行動を取ることができる力です。EQの
高い人は、相手に迎合したり、忖度したりするのではなく、自分を
尊重し、同時に相手のことも尊重したうえで、お互いにとって望ま
しい方向へ舵を切っていくことができるのです。そして、自主自律
性が高く、かつ対人関係力に優れているという特徴があります。

　EQは、ビジネスの成果と深い関連性を持ち、この差が大きな年
収レベルの差をも生み出すと言われています。そして、その影響は、
頭の知能指数であるIQ(Intelligence Quotient)よりも断然に大きい
ということがわかっています。

　また、興味深い事実として、スコットランドのストラスクライド
大学とグラスゴー大学の共同研究によると、EQの高い人ほど、
ネット上のフェイクニュースをうまく見抜く傾向があるとのことで

す。これは、フェイクニュースを発信する側の意図と、受ける側の心理状態に関しての洞察力の深さと、冷静に、そして客観的にものを見ることができる能力を表します。情報の真贋を見極めることが重要な現在のビジネスシーンで、EQがいかに大切な要素であるかがうかがえます。

知能と知性の違い

知能（IQ）	知性
明確な答えが**ある**問いに対して、**素早く適切な答えを導く能力**	明確な答えが**ない**問いに対して、**その答えを探求する能力**

　知能（IQという観点での知能）とは、「明確な答えがある問いに対して、素早く適切な答えを導く能力」です。一方、知性とは、「明確な答えがない問いに対して、その答えを探求する能力」です。

　IQは非常に重要な能力ですが、IQだけでは、対応できることが、答えがある問いの範囲に留まってしまい、答えがない問いを解決していかねばならない場合に必要な探究能力までには至りません。

　現在の学校教育は、明確な答えがある問いに対して、素早く適切な答えを導く力を伸ばす訓練に集中しており、明確な答えがない問いに答えていかなければいけない現代のビジネスシーンにおいては、

対応し切れなくなっていることが事実です。

　さらには、今後、AI(Artificial Intelligence：人工知能) の発展で、答えがある問いに対しては、AIが私たち人間の何倍ものスピードと正確さで処理してくれる世の中になっていくのです。

　ここで大事なことは、「いかに知性を発達させるか？」という課題です。
　そこで登場する大切な要素がEQ。
　EQがIQに加わることで、私たちの知能は、知性へと昇華していくのです。

IQ＋EQ＝総合知性

　EQは、感情と思考のベストミックスの解を生むことのできる力であり、人との関係性を高めていくことができる力です。そして、個人の知だけでなく、集団の知である「集合知」を創り出すことができる、リーダーシップとチームワーキングに関連した力でもある

のです。この力が、答えのない時代に、その答えを探求する能力を高めていくキーとなるわけです。

　ここでいいニュースは、
「EQは後天的に高めることができる」
ということです。
　この本は、その高め方を具体的にお伝えしていく本なのです。

ピンチと捉えるか、チャンスと捉えるか

「休み明けの朝、元気に仕事に向かう人をこの社会に増やす」
　私は、このことを使命として、執筆、講演、人材育成コンサルティング、企業研修、オンラインサロンや私塾の運営など、様々な仕事をさせていただいています。
　そんな中、メンタルコーチであることが、これらの活動するうえでのエッセンスとなっています。メンタルコーチには、数十分という短時間で、然るべき成果と変化をクライアントにもたらすことが求められます。毎回クライアントのために、すべての意識を集中することを必要とされる、極めて真剣勝負の仕事です。
　そのため、私は「どうしたらクライアントのために、より貢献することができるか?」を考えながら、日々研鑽し続けています。そして、人が本来持っている力（潜在能力）の発揮を促し、クライアントが「本当に成し遂げたいこと」の達成をサポートするプロフェッショナルとして活動しています。

　そんな中、EQに興味を持って、その理解を深めている過程で、あることに気づきました。
　それは、

「コーチングは、クライアントのEQを高める活動でもある」

ということです。

そして、コーチングを通じて、クライアントのみなさんが大きな成功を収めていく主要因のひとつが、このEQの向上にあるとの確信に至りました。

コーチングで、クライアントが話す課題のほとんどは、対人関係の課題に収斂します。コーチングのプロセスにおいて、対人関係においての認知が変わり、気づきから得た、新たな行動をとっていくことによって、様々な課題が解決していきます。

EQは、自分の本当にありたい姿のために必要な行動をとることができる力。人に怒りをぶちまけるなど、感情の渦に巻き込まれた行動をとるのではなく、本当に求めていることを叶えるために、適切な行動をとることができる力です。コーチングのプロセスは、この力を高めていくプロセスでもあると確信したのです。

対人関係の課題が解決していくと、クライアントの中に、とても清々しい感覚が生まれます。それと共に、クライアントの対人関係能力を始めとする、EQの様々な要素が向上していくのを感じ取ることができます。

実は、私には、かつて部下の気持ちに寄り添おうとしない酷い上司だった時代がありました。その頃は、対人関係の悩みのオンパレード。当然、チームの業績も全く上がっていきませんでした。

その頃のEQと、現在のEQでは実際に数値的にも大きな違いがあります。これは、その後コーチングを学び、同時にコーチングを受けてきたことによって、自分を理解し、他者を理解する力が大きく向上し、対人関係能力のアップが図れたということです。

おかげさまで、今では、対人関係の悩みはほとんどありません。

そんな経験をしてきた人間、そしてプロコーチだからこそ、みなさんのEQの向上に貢献することをお伝えしたいと、この本を書くに至りました。

これまでEQについて書かれた様々な書物では、1つひとつ正確に理解するのが大変な専門用語が頻繁に出てくる内容や、EQを高めるためのHow toが数多く並べてあるものが多い印象がありました。そこで、この本では、私が関わってきたクライアントのみなさんに、実際に明確な効果が出たことに基づいて、「これをやればいい」と確信を持ってご紹介できることだけをシンプルにお伝えしていきます。

ここであらためて重要なことは、
「EQは後天的に高めることができる」
ということです。つまり、
「我々にはまだまださらなるチャンスがある」
ということです。

とはいえ、「人間関係は苦手だからなぁ」と思った方もいらっしゃるかもしれません。
そういう方も安心してください。チャンスというのは「伸びしろ」です。苦手だからこそ、それは「伸びしろ」になり得るのです。しかも、この「伸びしろ」は、とてつもない可能性を秘めている「伸びしろ」なのです。

EQを向上させることのさらなるメリットは、
「毎日においての悩みが少なくなっていく」
という点です。

対人関係力が向上するということは、すなわち、「対人関係の悩みが少なくなる」ということです。

「すべての悩みは対人関係の悩みである」というアルフレッド・アドラーの有名な言葉にあるように、「対人関係の悩みが少なくなる」ということは、仕事も自ずと楽しくなり、毎日が清々しくなっていくということなのです。

　もちろん、「楽しい」と「楽」は違います。楽しいからといって、楽とは限りません。たとえ楽でなくても、仕事が楽しく、毎日が楽しければ、そこに充実感が生まれます。もっといえば、むしろ「楽ではない方が、越えたときにもたらされる充実感が大きい」というのも事実です。

　情報や人とのつながりなど「見えないもの」が、物質的な「見えるもの」より大切になっている現代、EQは、「見えない財産」として、一生ものの大きな価値を持つと言えます。そして、この財産は、適切なやり方を身につけ、習慣化することによって蓄えていくことができます。さらには、この財産は、使えば使うほど減るどころか、どんどん増えていくというありがたい性質を持っているのです。

　AIの発展により、今後、様々な職種が淘汰されると言われています。一方、30年近く前、インターネットが世界のビジネスを大きく変え始めたときも、数々の職種の淘汰はありました。

　世界の主要国13カ国を対象にしたマッキンゼー社の調査によると、インターネットは、破壊した雇用の約2.6倍の新たな雇用を生み出したことがわかっています。また、産業革命や繊維革命など、人類の変革の歴史を見ても、そのすべてで雇用が増えているという事実があります。ここで大事なことは、AIの発展による職種の淘

汰を恐れるよりも、新たな職種や雇用のニーズに対応することを
チャンスと捉えることです。

　そういった意味で、変化に対応するスキルを鍛えると同時に、今
後より求められることが、EQ向上により、「知性」というビジネス
パーソンとしての高い付加価値を身につけることだと言えます。

　このように、EQを高めることに取り組むことには大きな可能性
が含まれています。たとえ、今、人間関係や感情のコントロールに
悩んでいたりしても大丈夫です。この本は、あなたのその伸びしろ
を活かす本であり、休み明けの朝、元気に仕事に向かうことができ
ることにつながるやり方を身につけていただくための本なのです。
　そのための過程は、決して難しいものではありません。
　1つひとつお伝えしていきたいと思います。

心の知能指数を高める習慣

目次

第 **1** 章

EQ：心の知能指数

第 **4** 章

感情を管理する
（STEP2）

第 5 章
共感力を高める
(STEP3)

関係性を高める
（STEP4）

第 **7** 章

あなたの中に
変化を起こすには

HOW TO IMPROVE
EMOTIONAL INTELLIGENCE QUOTIENT

EQ：心の知能指数

chapter 1
Emotional Intelligence Quotient

ビジネススキルの土台は EQにある

■ 知能についての誤解

　世の中には様々な常識があります。その中には、日本という国において の常識もあり、会社や組織が持つ常識、家庭ごとの常識などもあります。このように、常識は、時代、地域、社会情勢、ビジネス形態などによって異なります。

　つまり、常識とは「本当のことであるとは限らない」のです。

　そんな中、いくつもの常識が、あなたの中で「当たり前」となって、まるで「本当のこと」のように無意識に信じ込んでいる場合があります。一方、「それ、よく考えてみて、果たして本当のことですか？」と問われると、真偽が怪しいことがたくさんあるのが実際のところではないでしょうか。

　この常識と言われるものを始め、私たちが、何の証拠もなしに「当たり前」と思い込んでいることが意外とたくさんあります。そのひとつが、「勉強ができることが、一番価値が高い」という感覚。

　小学校や中学校などで、最も評価され、もてはやされるのは主要5教科のテストの成績が良い子です（一番モテるのは運動のできる子ですが　笑）。そして、極端な話「高校や大学の偏差値の順位が人間の順位」という感覚にまで至ってしまうことさえあります。

　冷静に考えれば、おかしなこととわかるのですが、子供の頃からのその強烈な刷り込みが、なかなか拭えない感覚になってしまっている人も多いのではないかと思います。

さらには、社会人になって、会社の同期の学業の偏差値が、自分の偏差値よりも高いという、たったひとつのことで、何とも言えない引け目を感じるという感覚を持った方は少なくないでしょう。学業の偏差値というひとつの基準が、人の優越コンプレックスや劣等コンプレックスという、非常に厄介なものを、人々の心の中に生み出していることは事実です。

　同様に、勉強ができることや学歴というものが、あたかも"成功のための絶対条件"のように感じている人が多いのではないでしょうか？
　確かに勉強ができる方が、偏差値が高い高校や大学に入ることができる確率が高く、その結果、就職などに有利になるという世界はまだ根強く残っています。
　しかし、それはあくまで「入り口」までのお話。そこから成功するかどうかは、社会的な知能であるEQという要素がより大きなインパクトを占めるようになってくるのです。
　では、EQが高い人と低い人にはどんな違いがあるのでしょうか？

　　EQの高い人：怒りなどの感情が出た場合も、ある程度コント
　　　　　　　　ロールすることができる
　　EQの低い人：怒りなどの感情に飲み込まれて、人間関係を悪化
　　　　　　　　させるような言動や、行動に出てしまう

　　EQの高い人：相手の気持ちや話の意図を察しながら、人の話を
　　　　　　　　きちんと聴く
　　EQの低い人：相手の言うことに勝手な解釈を混ぜ、次に自分が
　　　　　　　　何を話すかを常に考えながら、人の話を聴く（き

ちんと話を聴いていない）

EQの高い人：間違いを素直に認め、次に何をすべきかを考える
　　　　　　ことができる
EQの低い人：間違いをなかなか認めず、言い訳をしたり、場合
　　　　　　によっては隠そうとする

EQの高い人：失敗からの立ち直りが早い
EQの低い人：失敗すると、自己否定を繰り返し、なかなか次に
　　　　　　進めない

EQの高い人：自分の価値観や行動基準が明確である
EQの低い人：自分と他人を比較しながら、評価を気にする

EQの高い人：違いや変化を受け入れて、柔軟に対応することが
　　　　　　できる
EQの低い人：思い込みが激しく、自分の考えや、やり方に拘泥
　　　　　　する

EQの高い人：謙虚だが、自主自律性が高い
EQの低い人：プライドが高い割に依存的である

　このようにEQは、コミュニケーション、共感、人を巻き込む力、
顧客対応、自主自律性、意思決定、柔軟性、トラブル対応、時間管
理、ストレス耐性などを始めとするビジネス能力の土台であり、こ
れらが、ビジネスの成果に多大なる影響を与えるのです。
　EQは人間関係についての習熟度という側面を持ちます。一方、

現代の教育では、学業の偏差値を上げることが最大の課題とされています。多くの人はそのことばかりに必死になる十代を過ごし、人間関係についてほとんど習熟しないまま社会に出ざるを得ません。その影響で社会に出てからも人間関係の悩みを抱える若者、そして悩みを抱え続ける壮年がたくさんいるというのが現状です。

EQ研究の世界的権威であるトラヴィス・ブラッドベリーとジーン・グリーブスは、「あらゆる職種において、成果の58％はEQによって生み出されている。職場で成果を出せるかどうかはEQによって決まると言っていいだろう」と言っています。

また、1990年にEQの概念と理論を発表したイエール大学のピーター・サロベイ博士（後にイエール大学学長となった人物）とニューハンプシャー大学のジョン・メイヤー博士は、「ビジネスでの成功には、学歴などに起因する能力（IQ）は20％、80％は対人関係能力（EQ）による」と明言しています。

つまり、ビジネス現場で成果を出せるかどうかの大きな部分は、EQにかかっているのです。

EQというものが何よりも私たちに希望を与えてくれるのは、「後天的にいくらでも伸ばすことができる」という点です。これは、IQと大きく違う点で、ビジネスの成果にインパクトの大きなものを、日々の行動次第でどんどん高めていくことができるというのは、私たちにとって何より希望の持てる事実なのではないでしょうか。

ポイント

× 成功するためのマスターキー ＝ IQ

○ 成功するためのマスターキー ＝ EQ

■ 根本解決をもたらす力

　人材育成のコンサルタントとして、企業の人材育成担当の方や、事業部のリーダーの方々などから様々なご相談をいただきます。また、エグゼクティブコーチとしての役割上、経営者の方から直接ご相談をいただくことも多い毎日です。

　そんな中、人という組織の中心資産に関する課題はたくさんあり、ご相談にいらっしゃるみなさんは、様々なことについて「どうしたらいいか？」と悩まれています。課題となることのキーワードも、リーダーシップ・チームビルディング・ダイバーシティ・理念浸透・エンゲージメント・心理的安全性・レジリエンス・従業員満足・コンフリクトマネジメント・メンタルヘルス・ハラスメント・アンガーマネジメントなど、数え上げたら山のようにあります。

　当然のごとくその1つひとつに対策を練られ、実行されているのですが、なかなか目覚ましい成果が出ていないのが実情で、ご相談をいただくわけです。

　例えば、従業員エンゲージメントの課題であれば、「ビジョンの共有をしていて、ミーティングのやり方も工夫していて、社内イベントを開くなど、多様な活動しているのに、エンゲージメント値がむしろ下がる傾向がある」というようなご相談があります。

※エンゲージメント：個人と組織が、互いの成長に貢献し合う関係性の度合い

　そこで、経営者や人事責任者だけでなく、現場の従業員の方々にも詳しくお話を聴くと、コミュニケーションの根本が整っていないため、せっかくの施策が有効に働いていないことがわかったりします。つまり、やっている対策のノウハウは正しいのに、そもそもそれらの課題を解決する根本に手がつけられていないのです。

EQは根本解決をもたらす力

心理的安全性	レジリエンス	従業員満足
メンタルヘルス		ダイバーシティ
ハラスメント	心・感情の知能指数　EQ	エンゲージメント
コンフリクトマネジメント		理念浸透
アンガーマネジメント	リーダーシップ	チームビルディング

その根本が、組織としてのEQのレベルという課題です。たとえIQのレベルがとても高い組織でも、EQのレベルに課題があると（伸びしろがあると言った方がいいかもしれません）、そのIQの高さを活かし切れません。そのため、正しいノウハウや仕組みはつくっているのに、それぞれの施策が期待するほど機能しないということが起こるのです。

　ピーター・サロベイ博士とジョン・メイヤー博士は、EQを「望ましい行動や意思決定のために、感情と思考を効果的にブレンドする能力」と定義しています。EQの高い人は、自分の感情をうまくコントロールしながら、優れた対人能力／コミュニケーション力を発揮すると同時に、感情だけに偏ったり、思考だけに偏ったりすることなしに、バランスのいい行動や意思決定を行うことができるのです。

　感情のコントロール力が高いがゆえに、感情と思考のベストミックスの解を導き出せることが、EQの最も大きな価値のひとつです。これはEQの高さが、仕事の成果に深く関連している所以でもあります。

　組織においての人に関する課題は、一人ひとりの心の在り方と、コミュニケーション力や判断力、そして行動の質に関連しており、EQという根本を養成していくことで、解決への最も大切な土台が出来上がっていきます。

　つまり、すべての根っこはEQにあるのです。

　逆に言うと、EQに関連している心の在り方と、コミュニケーションの質を何とかしなければ、各課題解決ためのノウハウやHRテックだけで1つひとつに対応しようとしても、実質的な効果や成果はそれほど期待できないということです。

根本に手をつけず、部分部分を何とかしようとしてうまくいかないのは、ゴルフでドライバーの飛距離を伸ばしたいときに、最新のクラブを購入することや、流行りのスウィング理論の一部を取り入れるなど、ハードスペックの変更や小手先のテクニックだけで何とかしようとしているのに似ています。こういったことだけでは、大した効果が上がらないどころか、むしろスウィングをおかしくしてしまうことにもつながりかねません。

　大事なことは、体幹や大きな筋肉、そして体の柔軟性などの根本の土台を、日々着実につくっていくことです。それが確実な飛距離アップにつながっていくのです（ゴルフの上級者は、ここを毎日少しずつでもちゃんと実践しています）。

　そう言った意味で、EQを高めていく試みは、心の体幹や筋肉、そして柔軟性を高めていく試みであると言えます。これは、現代のビジネス課題を解決していくための確固たる土台となるのです。

まとめ

・感情と思考のベストミックスの解を導き出せることが、
　EQを高める最も大きな価値

・組織において、人に関する課題を解決するためのすべて
　の根っこは、EQという土台にある

■ やり抜く力とEQ

EQは感情からくる衝動を我慢したり、怒りや不安を鎮めたりすることをはじめ、自分の心を制御するセルフコントロール力の高さの表れです。これは、忍耐強さや、自分をコントロールしながらことを続ける能力に関連することから、「やり抜く力」にも通じます。

やり抜く力とは、達成するまで止めない力。GRIT理論で有名なペンシルベニア大学心理学部のアンジェラ・ダックワース教授の研究によると、IQや才能よりも、人生や社会での成功を左右する力が、このやり抜く力であると言います。

＊GRIT：Guts（度胸）、Resilience（復元力）、Initiative（自発性）、Tenacity（執念）

やり抜く力は、確固たる目的意識を持ち、習慣的にことを進める力や、試練や逆境のときでもあきらめない力、そして自分自身を鼓舞しながら、目標に到達する自主自律性でもあります。

漫画『SLAM DUNK』（集英社）の1シーンに「あきらめたらそこで試合終了ですよ」という有名な言葉がありますが、これはまさに「やり抜く力を持て」というメッセージでもあります。やり抜くまでことを達成するまで止めないのだから、成功確率は自ずと高くなるわけです。

EQの高い人は、このやり抜く力を持ちます。

仮に一度失敗しても、そこからまた立ち上がって歩き始めるには、失敗した自分を客観的に見ながら、湧き上がってくるネガティブな感情の渦に巻き込まれることなく、心のエネルギーを回復していくことが重要です。このプロセスを踏めるのが、EQの高い人。また、

確固たる目的意識と目的達成への執念が、この心のエネルギーの回復を後押しするのです。

　そして、EQの高い人は、自分1人だけではなく、他者とのハーモニーの中でやり抜く力が働くので、高いリーダーシップを発揮しながら、全体を成功に導く力となるのです。

　この力はある程度の楽観性を持っていることで、発揮されやすくなります。

『EQ：こころの知能指数』（講談社）の著者であるダニエル・ゴールマンは、「EQの観点から言うと、楽観とは困難に直面したときに無気力や絶望や抑うつに陥らないように自分を守る態勢」と定義しており、失敗や困難を「乗り越えられるもの」と捉える解釈力が、楽観性であると言えます。

　EQを高めるためには、このように「起こっていることをどう捉えるか？」という認知を「心のエネルギーを奪う認知」から「心のエネルギーを増幅する認知」に変えていくことが重要です。コーチングというものが、認知心理学を元に、人の認知を変える活動である点も、EQを高める活動であると、私が感じている点なのです。

　EQの高い人は、「心のエネルギーを増幅する認知」である楽観性を持ちながら、努力を続けることができる人であり、これはまさに「人事を尽くして天命を待つ」ということが実践できている人なのです。

コラム

■ 顕在意識領域を広げる

　ではどうしたらEQを高めることができるのでしょうか？

　ステップは、シンプルにまとめると次の4段階です。

EQを高める4ステップ

　まずここで大事なことは、あなたは、EQというあなたの人生に
とって大きなインパクトを与えるものについての理解を、今まさに
深め始めているということです（最大の差別化を図る要素でもある
と言っても過言ではありません）。このことを知らなかったり、意
識していなかったりするのとは大きな違いがあります。あなたが
EQを高めていく扉の前にいること自体が、大きな価値のあること
なのです。

　そこで、この本では、私がコーチングや企業研修、そしてオンラ
インサロンなどの活動を通じて、クライアントに実際に手応えのあ
る成果が挙がった方法のエッセンスを抽出して、あなたが実践しや

すいように、できるだけシンプルにお伝えしていきます。

　大事なことは、まずEQについて理解し、そしてあなたとって重要な行動変容を起こし、さらには習慣化することで、確実にEQのレベルを上げ続けていくということです。

　EQを高めることの第一歩（STEP 1）は、自己理解、つまり、「己を知る」という要素から始まります。

　己を知らないということは、例えば、「自分は何を大切に生きているか？」「己という存在にはどういう強みや特徴があるか？」などもわからずに生きていることになります。それは、選択や決定の基準を内側に持たずに生きること。これでは一貫性のある主張が持てず、気が付くと、周りに流され続ける毎日を過ごすことになります。これでことがうまくいく確率が高くなることは決してありません。

　逆に自分のことをしっかり理解していれば、どう生きるか、何のために働くか、どう働くか、など1つひとつが明確になり、毎日の中に行動の軸を持って、自主自律的に生きることができるのです。

　自己理解は、コーチングにおいても、クライアントが望ましい変化を得るための最も大切な基盤です。EQという点を離れても、自己理解を深めることは、あなたがあなたらしく生きることにとても役立ってくれるのです。

　EQを高めるという観点においては、「己の感情の出方を知る」という自己理解が特に重要になってきます。人の感情の出方は千差万別ですが、人は「自分の感情がどこから、どのようにして出てくるのか？」ということを意外なほどわかっていないのです。

　私の元にコーチングを受けにきたHさんという方がいました。会社に嫌いな人がいて、その人との人間関係に悩んでいるということ

でした。

　嫌悪の感情が特に出てくる瞬間などを伺っていくと、Hさんのその方が嫌いな理由が明解になっていきました。中には、Hさん自身がそれまで気づいていなかった理由も挙げられていきました。

　それらの理由をあらためて見ていたHさんが、ぼそっとつぶやきました。

「これ、私が私自身に嫌だと感じていることばかりです」

　Hさんは、その人の中に、自分自身の嫌な面と共通のものがあることを感じ、嫌悪という感情が発生していたのです。

　コーチングのその後のプロセスでは、Hさんが感じている自分自身の嫌な面が、自己受容されていくことで、その人との関係改善につながっていったのです。

自己理解と顕在意識領域

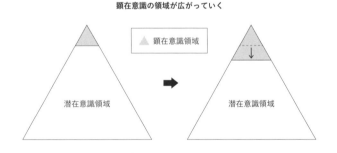

自己理解が深まっていくと、
顕在意識の領域が広がっていく

🔺 顕在意識領域

潜在意識領域　➡　潜在意識領域

　このように、自分自身についての気づきが増えていくと、自己理解（セルフアウェアネス）が高まり、「己を知る」レベルが上がって

いきます。それまで潜在意識下にあって、明確に意識できなかったものが、気づきとして意識化されていくと、図にあるように、自分自身のことについての顕在意識領域がどんどん大きくなっていくのです。これが、「己を知る」レベルが上がってくる過程です。

　これはとても大きな価値であると強調しておきます。

　逆にいえば、IQがいくら高くても、自己理解や自己受容が低ければ、己の中心から出てくるパワーにつながっていない状態のままなのです。

　コーチングが、ビジネスや人生においての重要な活動について成果を上げる主要因は、「己を知る」レベルが上がり、自己理解が進んでいくことにあります。自己理解が進んでいくと、自分という素材の活かし方がわかってくるようになるのです。

　コーチングをしていて感じることは、「本当にやりたいことは何か？」や、「自分の本当の気持ちは何か？」など、人は自分自身のことを驚くほど理解していないということです。

　そして、「己を知る」が進んでいくと「己を制御する」ということができるようになっていきます。これが、STEP２の感情管理です。己と己の感情を理解していなければ、制御の仕方もわからないので、自己理解を高めながら、感情を管理する方法を見つけていくことが肝心です。

　感情はその出るがままに任せておく、つまり制御する意識なしにしていると、人間関係の破壊など、都合の良くない事を次々に引き起こしていきます。

　中国の雑家書『呂氏春秋』では、六見八観という人間観察、人物鑑定の方法を教えています。その要諦は、「喜怒哀楽などの感情が高揚したときを観察すれば、その人の本性がわかる」というもので

す。つまり、自分の感情の管理ができているかどうかで、その人の
レベルがわかってしまうということです。いくら頭が良くても、社
会的に高い地位にあっても、自分の感情に振り回されている人は、
その程度のレベルの人間なのだと判断され、人としての本質を疑わ
れてしまうのです。そして、普段からきちんと感情の管理を心がけ
ていないと、社会生活上も、そしてビジネス上も、「感情をコント
ロールできない人」と、厳しい評価や判断をされてしまうのです。

　一方、感情というものは、人間の内的なパワーの素でもあります。
きちんと活用すれば、とてもパワフルです。この感情というじゃ
じゃ馬をどうやってうまく使っていくか、つまり、感情管理という
ものが、EQを高めるためのキーとなります。
　感情の出方は、人によって違います。この「人によって違う」と
いう点が、感情をコントロールするうえでのポイントです。この点
において、後のChapterでしっかりと紙面を割いていくことになり
ます。

> **ポイント**
>
> ・自己理解や自己受容が低ければ、己の中心から出てくる
> 　パワーにつながっていない状態のままである
> ・感情は人間の内的なパワーの素である

「一緒に仕事がしたい人」になる

■ 実はここでビジネス力の差がつく

EQについて次の大切な要素であるSTEP 3は、共感力です。

これは、相手の立場に立つ意識を持っているかどうかが、大きく影響してきます。自分のことばかり考えていて、相手の立場に立てないと、相手の感情がどういう状態なのかを把握できず、さらには、自分の言動や行動が相手の感情にどんな影響をもたらすかの予測ができません。

あなたは、あなたの気持ちをおもんぱかってくれる人と、全然わかろうとしてくれない人と、どちらに親しみを感じるでしょうか?

EQの高い人は、まず相手のことをわかろうとする態度があり、わかる力があり、そしてわかったうえで、建前や忖度ではなく、気持ちのこもった発言や行動をしてくれる人です。

そういった人が、対人関係力が高いのも納得がいくと思います。

コーチングをしていて、クライアントの感情の動きを把握できていなければ、思わしい結果からは遠ざかってしまいます。クライアントの感情を読み取るには、相手の話をしっかり傾聴することと同時に、ちょっとした目の動きや表情の変化、姿勢の変化など、相手から無数に送られてくる非言語のメッセージを感じる「感覚の鋭敏性」が重要になってきます。

私の場合、コーチングのトレーニング、特に傾聴のトレーニングと実践を通じて、この力が大きく向上したことが、EQのアップに

大きく貢献してくれた実感があります。

　これはコーチに限った話ではありません。親、上司、先生という指導的な立場を始めとするすべての人たちにとって、他者の感情を読み取ることができる力と共感力は大変に重要な力です。この力の違いによって、子供、部下、生徒に対する影響力は大きく変わってくるのです。

　親や上司というポジションパワーを利用しながらマウンティングをして、「自分の方が上だ！」と見せつけようとする人は、残念ながらEQが高いとは言い難く、相手との共感を生み出すことはなかなかできません。逆に、子供との関係性の良い親、部下から信頼されている上司、生徒に慕われている先生は、共感力に長けており、いつもヨコの目線で相手と接しているということは、私たちの経験の中から感じ取れることではないでしょうか。

　この力は、ビジネスのうえでも大きな差を生みます。お得意様の気持ちをしっかりと読み取れるセールスパーソンやショップの店員は、自然と売上数字を伸ばすことができるでしょうし、他部署の人たちの気持ちをおもんぱかりながら、しっかりとした主張もできる上司は、社内調整をしっかりしてきてくれる頼もしい存在でしょう。

> **ポイント**
>
> 他者の感情を読み取ることができる力、共感力は、すべての人にとって重要な力

■ 大きな成果を生み出すために必要なこと

　他者の感情を読み取る力があり、読み取ったことを基に、「どんなコミュニケーションを取れば、相手との関係性が良くなり、お互いハッピーになるか？」を考えて動けるかどうかで、対人関係は大きく違ってきます（STEP 4：人間関係管理）。

　それができてくれば、あなたは相手にとって、気持ちよく付き合える存在になります。ビジネスの場では、「一緒に仕事がしたい人」と思われるようになるのです。

　逆に、いくら仕事の知識や経験、才覚がある人でも「あの人はすごいけど、一緒に仕事はしたくないな」と周りから言われるようでは、成果は残せません。特に、多くの人を率いたり、大きなプロジェクトをリードして成果を出したりすることは、困難を極める可能性が高くなってきます。

「鉄鋼王アンドリュー・カーネギーが自らの墓碑名に刻ませた、

　"おのれよりも優れた者に働いてもらう方法を知る男、ここに眠る"

　との言葉ほど大きな自慢はない。これほど成果をあげるための優れた処方はない」

　アンドリュー・カーネギーの有名なこの言葉について、ピーター・ドラッカーはこう述べています。

　どんなに優秀な人でも、ひとりで挙げる成果には限界があります。多くの人間に「一緒に仕事がしたい」と思わせる人が、限界のない世界を創り上げるのです。

　アンドリュー・カーネギーの元には、多くの人間が集まり、その中には様々な分野に秀でた人たちもたくさんいました。だからこそ、

歴史的な偉業すらも成し遂げることができたわけです。

　グレートリーダーというのは、自分の優秀さだけにこだわらず、人との関係性を大切にし、「一緒に仕事がしたい」と思わせる魅力があるのです。そのベースにあるのが、他者の感情を読み取ることができ、人間関係をしっかりと管理することができる力。これなしでは、人は人にはついて来ません。たとえお金や地位を得て、一時的に協力者が得られたとしても、長きに渡って一緒に目標に向かっていってくれる人を増やすことはできないでしょう。

　このように、「己を知り」「己を制御する」という力を高め、他者の感情を読み取ることができる力を上げ、人間関係を管理する力を持つことによって、あなたのEQは向上していきます。

　これは、自分を知り、相手を知り、その調和（ハーモニー）を図るということでもあります。調和というのは、迎合や忖度ではありません。あなたの価値観を大切にした上、つまりあなた自身をないがしろにしない形での調和です。相手とのハーモニーが生まれることで、「一緒に仕事がしたい人」になるということです。

　繰り返しますが、EQは後天的に向上させることができます。
　つまり、私たちは、努力次第で、後天的に「より魅力的な人になれる」ということです。
　これは、私たちの人格の成長でもあり、人間の成長として、最も価値があることなのです。
　そして、そういった成長は、何も難しいことを頑張って勉強してようやく得られるようなものではありません。あなたの日々の行動と習慣を少しずつ変えていくことによって、十分に成し遂げられる

のです。

＊心理学の祖と言われるアメリカの心理学者ウィリアム・ジェームスの「習慣が変われば、人格が変わる」という有名な言葉は、まさにこのことを言わんとしているのではないかと思います。

ポイント

EQを向上させることは「一緒に仕事がしたい人」になるということ

EQをどう測る?

　EQの測定については、多様な測定方法があります。

　代表的なのが、ダニエル・ゴールマンによる「自己の自覚」「自己の制御」「社会的自覚」「他者との関係の制御」の4つのEQ技能というモデルを基に、トラヴィス・ブラッドベリーとジーン・グリーブスらが開発した評価方法です。

　ウェブ上には、数問の質問に答えるだけで、無料で簡単に調べられるものから、数百問の質問に答えることで、より精緻に測定しようとするものまで（然るべき金額がかかる場合が多い）たくさん存在しています。

　どのレベルでの測定をチョイスするにしても、みなさんの今後の取り組みの成果をちゃんと確認するためには、EQを高めるための取り組み前、そして取り組み後の数値の両方を、同じ測定方法で測ることをおすすめします。さらにおすすめは、測定する場所や測定する時間帯など、before-afterともできるだけ同じ環境で測定することです。そのことで、イレギュラー要素をできるだけ少なくし、より正確な差（向上度）を知ることができます。

　正式な測定は、専門のウェブサイトにその役割を委ねますが、「どんなことを答えるのか?」の感覚を知っていただくために、いくつかの質問例を挙げておきます。これは正式なものではありませんが、EQ測定のひとつの目安にしていただければと思います。

EQレベルの簡易チェック表

以下の項目について、どの程度あてはまりますか。
すべての項目について、1.「あてはまらない」〜 5.「とてもあてはまる」までの5段階のうち、
あてはまる番号1つに○をつけてください。

1. あてはまらない	2. まれにあてはまる	3. 時々あてはまる
4. だいたいあてはまる	5. とてもあてはまる	

1. 言いにくいことでも、 必要なことは直接相手に言うようにしている	1	2	3	4	5
2. 落ち込んだ時に、 本当の原因が何であるかをよく考える	1	2	3	4	5
3. 行動に移さなければ、 結果は得られないと思いながら実行している	1	2	3	4	5
4. 物事を良い方向に 考えるように意識している	1	2	3	4	5
5. わかったふりをせず、わからないことは わからないとはっきり伝えることができる	1	2	3	4	5
6. 相手に対し、何か自分にできることは ないかと、常に考えるようにしている	1	2	3	4	5
7. デメリットよりも メリットを探すようにしている	1	2	3	4	5
8. 予想外のことが起こった時に、必要だと 感じれば、当初の予定や計画を変更する	1	2	3	4	5
9. 賛成や反対の意見をただ表明するだけでなく、 その理由や代案を合わせて述べている	1	2	3	4	5
10. 自分1人だけの喜びではなく、 仲間と喜びを分かち合いたい	1	2	3	4	5

合計点数 45 以上…最高レベルのEQ　　合計点数 30〜34…平均レベルのEQ
合計点数 40〜44…高いレベルのEQ　　合計点数 29以下…低いレベルのEQ
合計点数 35〜39…やや高いレベルのEQ　＊これはあくまでひとつの目安です。

コラム

なぜEQが上がらないのか

■ 権限を持つことの落とし穴

　EQは向上させることができる一方、下がってしまうこともあります。体を動かすことを怠けたときに、体がなまってしまうのと似ています。

　実は、私自身もEQが下がったと実感した経験があります。それは、外資系企業で、マネージャーというポジションから、ディレクターというポジションにキャリアアップした後でした。新しいポジションでは、部門のトップとして個室を与えられるなどの待遇面だけでなく、マネジメントにおいての権限が格段に大きく広がりました。マネージャー時代、予算配分の決定権や人事権が少ないことに歯痒さを感じていた私にとって、ひとつの目標が叶ったことになります。

　しかし、権限が大きくなると、人は何かと勘違いしやすくなります。ご多聞に漏れず、私も次第に勘違いし始めました。

　勘違いし始めると、「人の気持ちをおもんぱかる」ということについて怠惰になります。

　そして、エゴというものがむくむくと湧き上がって、偉そうになります（人として何も偉くはないのですが）。部下から見たらはなはだ迷惑な存在である「勘違い上司」の出来上がりです。

　マネージャーの頃は、部下の人たちときちんと話し合いながら、良い人間関係を築けていたように思いますが、ディレクターになってからは、部下との距離が遠くなってしまったことをはっきりと感

じました。それもこれもすべては私自身のせいでした。権限を持ったがゆえ、そのポジションパワーだけで、部下や他部署の人たちが動いてくれるので、「他者の感情を読み取る」ということに怠惰になっていったのです。そのときの私のEQは、おそらく人生において最低レベルであったと思います。

EQと肩書き

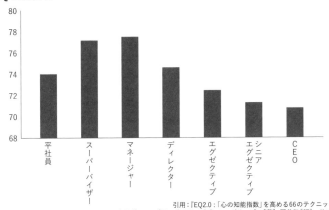

引用:『EQ2.0 「心の知能指数」を高める66のテクニック』
トラヴィス・ブラッドベリー／ジーン・グリーブス[著]、関美和[訳] サンガ

この傾向は、前出のトラヴィス・ブラッドベリーらが、1000人のCEOを含む、全世界50万人に調査を行った結果にも明確に出ています。その調査では、マネージャー、ディレクター、エグゼクティブ、シニアエグゼクティブ、CEOと役職が上がるにつれ、平均EQ値がどんどん落ちていくという衝撃の事実が明らかになりました。これは、私のように地位と権限を得ていくにしたがって勘違いを増していって、大切なEQ値をどんどんと落としていく人が多いという事実を物語っています。

ちなみに、平均EQ値が最も高いのが、日本では係長や課長など

に相当するマネージャー層で、取締役クラスに相当するエグゼクティブ以上の平均EQは、平社員の平均EQよりも落ち込んでいくことがデータから読み取れます。

　一方、エグゼクティブ以上の中でもEQのスコアが高い人たちは、仕事のパフォーマンスも高く、組織の繁栄に大きく貢献しているということも、同調査でわかっています。

　つまり、「本物の人」たちは、地位や権限を得ても、驕り高ぶることなく、部下や周りの人たちの気持ちを読み取ろうという姿勢を持ち続けて、さらにEQを高め、業績を挙げ続けているということです。

　エグゼクティブコーチとして、企業のCEOを始め、組織のトップの人たちにコーチングを日々実践している身として、このことは肌感覚でよくわかります。CEOなど、エグゼクティブであるクライアントが、この勘違いをしているうちは、会社全体の業績や、従業員エンゲージメントは見事に低迷するのです（低迷しているので、コーチングのご依頼があるのですが）。

　そしてコーチングによって、自己理解が高まり、社員の気持ちを読み取ることに十分な意識が向くようになってくると、まず社内の雰囲気が変わり、やがては業績にも如実に反映し始めていきます。そして、何よりご本人がより清々しく仕事ができるようになっていくのです。

　「トップは孤独である」とよく言います。私は、部門のトップであるディレクターになってから、孤独感が一気に増した感がありました。当時はそれをこの「トップとは孤独なもの」と、ポジションのせいにしていました。重要な決断をするときなどは、確かにこの孤独との戦いはあります。しかし、人との交流において、「トップになる＝孤独になる」とは決して言えません。

実際は、ポジションのせいで孤独になるのではなく、人との関係性において、勘違いをし始めるせいで孤独になっていくのです。

> **ポイント**
>
> ・EQが下がるということもあり得る
> ・「人の気持ちをおもんぱかる」ということについて怠惰になると、EQが下がる

■ エゴとEQ

　人というのは、元来エゴを持っている生き物です。エゴは人間が持つ生存本能から生まれます。

　このエゴが幅を利かせてくると、自己中心的になってしまいます。そうなると、他者のことをおもんぱかることができなくなっていきます。会話をしていても、頭の中は自分のことばかり、相手の言っていることは、わかった気になって、ろくに聞いていなかったりします。先程の、権限を持つ → エゴが出てくる → EQが上がらない（むしろ下がる）というようなパターンはこのひとつです。

　エゴが強く、自己中心的な人と「一緒に仕事がしたい」と思う人はあまり多くはないでしょう。EQの向上のためには様々な要素がありますが、自分の中のエゴをどう対処していくかは最大のキーとなります。

　とは言え、エゴは誰の中にもあります。エゴというものは、あなたの中の恐れから発生します。生命科学においては、「エゴの強い人は、自分の生存維持の可能性について、安心感が足りない人」と

考えます。生存レベルの恐れがエゴを生むのです。

　恐れには意識できている恐れと、意識できていない恐れがあります。人はそれらの恐れから自然と身を守ろうとします。これが過度になると余裕がなくなり、エゴが出てきて、自己中心的になってしまうのです。

・もっと頑張らないと認めてもらえない
・現状のスキルでは将来通じなくなるかもしれない
・リーダーシップを発揮しなければと思っているのに、その自信がない

　これらのように、人にはいろいろな状況が生まれる恐れがあります。仕事ではプレッシャーやストレスはある程度必要ですが、過度になってくると、起こって欲しくない未来へのイメージに取り憑かれるというマイナスの作用が心の中に生まれてきます。
　マイナスの作用が強くなってくると、こんな感じになります。

〈もっと頑張らないと認めてもらえない〉
　起こって欲しくない未来：ダメ出しされる
　　　　　　　　　　　　　やりたい仕事が人に渡る

もっとアピールが必要だ

人を押し退けようとする

〈現状のスキルでは将来通じなくなるかもしれない〉
　起こって欲しくない未来：今のポジションでいられなくなる

社内のポジションや役割を人に取られたくない

協調的でなくなる

〈リーダーシップを発揮しなければと思っているのに、
その自信がない〉

起こって欲しくない未来：リーダー不適任と判断される

強いリーダーを演出しようとする

高圧的になる

　恐れからくるマイナスの作用が、安心安全の状態を持てなくさせ、このようなエゴイスティックな態度や行動をさせてしまうのです。それによって、周りを見る余裕がなくなり、自分のことで精一杯な状態になってしまいます。EQが高くなっていくと、このような状況にあっても、マイナスの作用に強く影響されず、状況打破のための適切な行動を取れるようになってくるのです。

　思い起こせば、ポジションが上がったときの私には、権限の拡大とともに、責任の拡大があり、会社から期待される成果のレベルが段違いになったことによる、大きなプレッシャーや失敗への恐れがありました。そのことによって、気持ちに余裕がなくなり、ポジションパワーを使うという手っ取り早いやり方でマネジメントを進めてしまっていたのだと思います。
　ポジションが上がっていくと、担当する仕事の範囲も広がり（場

合によっては、全く経験のない範囲まで責任を持つことになります）、考えなければいけないこと、意思決定しなければいけないことが増え、プレッシャーとストレスは数倍になります。このことによって、人のことを考えている余裕がなくなってくるがゆえに、EQ値が下がっていってしまうという構造があるのだと考えます。

　これは、ポジションが上がる場合だけには限りません。あなたの仕事の範囲が広がったり、経験のないことを担当したりするケースでも起こってくる可能性はあります。

　だからこそ、この構造を知り、そんな場合でもEQを高めていく習慣を身に付けて、状況をしっかり打破できることは、ビジネスパーソンとして、とても大きな価値を持つと言えます。

　もしあなたがこれまで、あなたの中の恐れにより、自己中心的な部分が出てしまったことが多々あると感じているのであれば、そしてEQの向上を自ら妨げてきてしまったと感じているのであれば、勝負はこれからです。今から積み上げ始めていけばいいのです。

ポイント

・エゴはあなたの中の恐れから発生する
・恐れからくるマイナスの作用によって、人はエゴイスティックな態度や行動をとってしまう

自分の感情を
利用できるようになる

chapter 2
Learning to control your emotions

感情の正体

■ 感情からのメッセージを読み取る

STEP 1の自己理解とSTEP 2の感情管理は、深く絡み合っています。自己理解の中でも特に、自分の感情を理解することは、とても重要です。「自分がなぜそのような感情になっているか？」をしっかりと認識することで、感情をコントロールすることができるようになってくるからです。このChapterでは、感情についての理解を深めることで、STEPをよりスムーズに進めていきます。

自分自身を管理し、人との関係性をより良いものにしていくためには、感情をどれだけコントロールできるかどうかがカギとなります。感情は、喜び・怒り・悲しみ・恐れ・嫌悪・驚きなどに代表されます。ポジティブな感情もあれば、ネガティブな感情もあります。いつも嬉しそうにしている人、いつも怒っている人、いつも怖がっている人など、人には感情の出方にそれぞれ特徴がありますが、脳には感情回路などというものはありません。

つまり、あなたの感情の出方は、実は生まれつきだけのものではないということです。

感情は脳が瞬間的につくり上げる予測から起こる反応です。似たような状況での過去の記憶からくる未来への予測が、あなたの感情を発動させているのです。

人は、これまで生きてきて経験し、感じたことから予測のパターンをつくり上げてきています。だから、その予測のパターンを把握

し、制御すれば、あなたの感情の出方が変わり、感情をコントロールすることができるのです。

　ハーバード大学医療大学院の心理学者スーザン・ディビッドが、7万人を対象に行った調査によると、怒りや、深い哀しみなどを持つと、「自分には悪い感情がある」と考える人は全体の約1／3ほどにもなるそうです。

　ここで強調しておきたいのは、「ネガティブな感情＝悪い感情」ではないということです。ネガティブな感情には、あなたに何かを知らせようとしている大切な機能があるのです。

　恐れが出てくると、脳の扁桃体が反応し、あなたに危険を知らせてくれます。扁桃体は側頭葉内側の奥に存在するアーモンドのような形の神経細胞の集まりで、情動反応の処理と記憶においてのキーを握る脳の部位です。扁桃体は不条理なこと、不当なこと、不公平なことの存在を、怒りという形であなたに知らせてくれます。「これは放っておいてはいけない」という脳からのメッセージなのです。感情は本来、生存に関する肯定的な目的があるがため発生するのです。恐れや怒りがあるからこそ、人類はこれまで、迫る危険を回避できてきたとも言えます。

　そういった意味で、
「その恐れが、そしてその怒りがあなたに何を教えようとしているのか？」
　という観点で見てみると、あなたの自己理解も進みます。
　例えば、先述の「現状のスキルでは将来通じなくなるかもしれない」というような漠然とした恐れを、あるセールスパーソンが感じていたとします。これについて、セルフコーチング的に自問を繰り返すと、次のような展開になっていきます。

自分1：現状のスキルでは将来通じなくなるかもしれない。

自分2：具体的にどういうことですか？

自分1：AIの発展で、今やっている営業業務の多くが、AIに代用される可能性がある。

自分2：というのは？

自分1：顧客の好みや求めていることに対してのマッチングはAIがやるようになり、従来の営業スタイルが通じなくなる。

自分2：そう感じているのですね。

自分1：そうですね。訪問して（あるいはオンラインで）、ちょっとした世間話をして、顧客の意向を聞いて、提案する、というようなプロセスを、顧客は「時間の無駄」とも思うようになるかもしれない。営業の「聞き取り → 提案」というプロセスよりも、AIのマッチングの方がずっと顧客満足度が高いという事態が起こってくる可能性もあるから……

自分2：どんな気持ちですか？

自分1：これまで積み上げてきたものが通じなくなるのは不安ですよ。

自分2：「積み上げてきたもの」というのは？

自分1：営業として大事なことは、顧客に何かあった場合、顧客から頼られる存在になること。大きな障害があったとき、真っ先に連絡すれば、解決してくれるという信頼感ですね。

あと、小さな相談ごと1つひとつにもコンシェルジュ的に対応できること。そのほとんどは業務外のことなのですが、この点は、いろいろな分野に随分ルートができました。

自分2：貴重な資産ですね。それらはAIにどれくらいできますか？

自分1：技術的には可能だけど、「気持ち」という部分では、顧客は

どこまでAI的なものに安心感を感じるかどうかはわかりません
ね。

自分2：ここまで話してみてどうですか？

自分1：何かちょっとわかってきました。不必要に不安がることは
ないのだなと。顧客の気持ちということに注目すれば、やり方は
あるし、AI的なものはむしろちゃんと活用すれば、顧客も私自身
もプロセスがもっとスムーズになり、新たな可能性が見えてくる
かもしれない。

自分2：いいですね。それを踏まえて、これから具体的にどんなこ
とに取り組んでいきますか？

自分1：小さなアクションになりますが、いろいろと見えてきまし
た。

感情が起こし得る2つの流れ

プラスの流れ／創造の流れ

マイナスの流れ／破壊の流れ

　こんなプロセスを通して自己理解が深まっていくと、自分の内側
の、不明確であったものが短時間のうちに明確になったり、恐れに

関する勘違いに気づいたりしながら、心がスーッと落ち着いてきます。そして、具体的な打ち手、つまり行動案が定まってくるのです。このようなことの繰り返しによって、恐れが発するメッセージから学ぶことができるようになります。

　これができてくると、現状のスキルでは将来通じなくなるかもしれない → 社内のポジションや役割を人に取られたくない → 協調的でなくなる、というような流れにはいかなくなります。どちらがEQの高い流れなのかは明白ですね。

　ネガティブな感情は、脳からの「放っておいてはいけない」というメッセージです。恐れというネガティブな感情を放置しておくと、今度は恐れが恐れを呼び、あなたの心の中の多くを占め始め、マイナスの作用を引き起こすようになってきます。

　ネガティブな感情は決して「悪いもの」ではありません。あなたの心の中での運用を間違えると、マイナスなものになってしまうということだけなのです。

　ネガティブな感情は、あなたに大切なメッセージを伝えてくれるもの。それをちゃんと使えば、先のセールスパーソンの例のように、有効なアクションを打てるようになってくるのです。

> **ポイント**
>
> ・ネガティブな感情 = 悪い感情ではない
> ・ネガティブな感情には、あなたに何かを知らせようとしている大切な機能がある

■ サル的な反応

　お伝えしてきたように、ネガティブな感情は、脳からの「放っておいてはいけない」というメッセージです。ただ、このメッセージを受けてからの反応について注意する必要があります。それはネガティブな感情からくるマイナスの作用や、それがもたらす悲劇は、この刺激を受けての反応が、「自動反応」になってしまっていることに起因します。

つまり、怒りの感情が出る　→　相手を攻撃するという自動反応があると、悲劇につながるということです。この自動反応が、EQの高くない人の特徴です。これは心理学的に言うヒューリティクスというもので、あまりよく考えず、手っ取り早い判断をすることです。ここでは、判断する前の過程に、認知のゆがみである認知バイアスを含んでいることもあり（つまり、事実を正確に把握していない）、

判断ミスを犯す可能性が多々あります。要は「早とちり」で「おっちょこちょい」なわけです。

　サルのように直情的に反応して、ネガティブな感情を破壊に結びつけてしまうことを、私は「サル的な反応」と呼んでいます。これは、恐れや怒りからくるメッセージを早計に処理し、反応してしまうクセです。

　気をつけなければいけないことは、怒りがもたらす、不条理、不当、不公平というメッセージは、認知のゆがみにより、妥当でない場合があるということです。本当は妥当でないのに、相手を攻撃してしまったらどうなるでしょうか？　これでは、解決することが望みなのに、自ら事態を悪化させる結果となる可能性が大です。

　例えば、マスコミに流れる情報の真贋を問うことなく、自動反応し、個人や組織を非難する態度に出ることなどもこの部類です。EQの低い人は、早とちりでおっちょこちょいなので、フェイクニュースを冷静に見分けられないのです。そして、このサル的な反応が過度になると、人は暴力的な解決に向かいます。

「刺激と反応の間には隙間がある。この隙間に、反応を選ぶ私たちの自由と力がある。その対応の中に、自分の成長と自由がある」
　という『夜と霧』（みすず書房）で有名なヴィクトール・フランクルの言葉にあるように、この隙間をつくることができるかが、サルから人間にきちんと進化できるかのポイントです。
　隙間をつくる習慣を高め、早計な自動反応を避け、さらには暴力的な行動がもたらす悲劇的な未来を予測することができれば、刺激に対するあなたの反応は変わってくるのです。
　フランクルの言うように、この隙間をつくることができるのは、

人間としての貴重な力で、これがEQの基なのです。コミュニケーションの中で、相手の言った言葉に自動反応して言い返すのか、隙間をつくって、反応の仕方を変えてみるのか、ここにEQの成長チャンスがあると言っていいでしょう（この具体的な方法については、後のchapterで詳しくお伝えします）。

　争いの絶えないパレスチナ、ベツレヘム。その街にあるガソリンスタンドの壁に描かれた絵によって、「相手に火炎瓶を投げつけるのではなく、花束を手に取る」という方法を教えてくれたのは、ストリートアーティストのバンクシーでした。

　バンクシーの作品にはEQの高い解決法のヒントがあふれています。

撮影：Ghughuni Korsava / Wikimedia Commons

人類1人ひとりがサル的な反応からの脱却を図っていくことは、やがて、世界平和にもつながっていくのでしょう。これは大袈裟な話ではないと思います。

> **ポイント**
>
> ・ネガティブな感情を直情的に、破壊に結びつけてしまうのは、サル的な反応
> ・刺激と反応の間に隙間をつくると、刺激に対する反応が変わってくる

自分の中の ゴリラの撃退方法

　エグゼクティブコーチングのクライアントのひとりであるSさんは、自分で立ち上げた企業のCEOです。

　Sさんは、人想いで熱血漢である一方、いわゆる「瞬間湯沸かし器」的に怒りを露わにする傾向がありました。そのことは本人も承知で、コーチングの場では、部下とのやり取りで、いろいろと失敗をしてきた経験を素直にお話しいただいています。

　定期的なコーチングのある回で、職場で直情的に自動反応して、再び失敗を犯したことを伝えていただきました。Sさんは、このことで、部下との関係と職場の雰囲気を悪くしたことを、いたく反省されており、「今後、このようなことがないように、しっかりと改善をしたい」ということでした。

　コーチングでは、そのときSさん自身がどういうことを言ったか、相手がどう反応したか、そしてそれに対してさらにどんなことが起こったかの詳細をありありと再現しました。

　そのやり取りを、まるで他人の目線で見てもらうようなワーク（俯瞰ワーク）をしたところ……

私　　　「こんなやり取りをしている自分自身を見て、どう思いますか？」

Sさん　「以前から三浦さんから“サル的な反応”ということを聞いていましたが、これじゃあ、サルどころかゴリラですね」

私　　　「どういうことですか？」

Ｓさん「部下に凄い形相で怒りまくり、圧をかけるゴリラです」

私　　「そんな自分の姿を見て何を感じますか？」

Ｓさん「これでは部下たちもたまったものではない。恥ずかしい限りです」

私　　「どうしていくのが良さそうですか？」

Ｓさん「まず、携帯の待ち受けをゴリラの写真に変えます。意識していないと、すぐにゴリラ的な反応になるので、戒めのためにこの写真がいつも目に入る仕組みをつくります」

　こんな感じでＳさんが決めたアクションプランは、携帯の待ち受けやSNSの写真など、普段目につくものの写真を、すべてゴリラの写真に変えることでした。そして、「ゴリラ的な反応をしなくなったと自分で思えたら、写真を自分のものに戻します」というのが、目標達成時のアクションプラン。

　数カ月後、「この頃社長が穏やかになった」という話を部下の方々から聞かせていただけるようになりました。やがて、ゴリラの写真は、気持ちが良さそうな南国の海の写真に変わっていったのです。

コラム

感情というパワーソースを利用する

■ じゃじゃ馬を乗りこなす

　ネガティブな感情というものは、自動反応に任せていると、破壊につながっていきます。一方、破壊が起こるということは、パワーがあるということです。

　感情は人間の中にあるとてつもないパワーソースなのです。

　このパワーソースは、破壊のパワーにも、創造のパワーにも成り得ます。EQが成熟しておらず、感情の奴隷になっていると、破壊のパワーとして登場する機会が多くなっていきます。破壊のパワーになると、ものを壊し、人間関係を壊し、チームや組織を壊していきます。これでは、人との良い関係性をつくりながら成功することや、リーダーとしてチームを結束させていくことは難しくなっていきます。

　EQという言葉の提唱者である心理学者ダニエル・ゴールマンは、「傑出したリーダーと並のリーダーの相違のほぼ90％は、知的な洞察力ではなく、感情に起因する」と言っています。リーダーが、感情の奴隷にならず、破壊のパワーにも成り得る感情を、創造のパワーへと変換するEQを持ち得たとき、成功への扉が開いていくのです。

　そういった意味で、感情はじゃじゃ馬のようなものです。サラブレッドでも、大レースを制するような名馬は、もともとじゃじゃ馬

のような気質を持っている馬が多いそうです。それをレースに集中できるような性格に仕上げていくのが調教師の仕事であり、レースの本番で、その力をゴールへの集中したパワーへと導いていくのが騎手の仕事です。

私たちは自分の感情の調教師であり、騎手でもあるのです。

調教師や騎手がきちんと仕事をできていないと、自分の感情の調教も、乗りこなしもできず、このじゃじゃ馬に振り回されてしまいます。EQを向上させていくということは、自分の感情の調教師・騎手としての手腕を上げていくことです。そのことにより、私たちの感情の中にある偉大なるパワーソースをしっかりと利用することができるようになっていくのです。

じゃじゃ馬と騎手

ここで、「ネガティブな感情を創造のパワーに変えるということはどういうことか？」と思われた方もいらっしゃるでしょう。怒りの感情というのは、不条理なこと、不当なこと、不公平なことなど

に反応します。

　例えば、組織の中に不公平や不満を感じ、怒りが出てきたとき、社内外を問わず、周りに不平を言いまくったり、個人攻撃をしたりするというのは、怒りを自分が勤める会社を弱らせる方向に導く破壊のパワーとして使っている行為です。

　米国ギャラップ社が2017年に世界各国の企業を対象に実施した従業員エンゲージメント調査では、「周囲に不満をまき散らしている社員」が、全体の24％にも及ぶという日本の現状が報告されています。実に社員の４分の１近くがパワーの変換に大失敗し続けているのです（これは、経営者にとって、かなり恐ろしい話だと思います）。

　一方、その感情のパワーを破壊につなげることをせず、例えば「社員が感じる不公平や不満を是正するにはどうしたらいいか？」についての具体的な施策案を組織に提出したとしたら、それはより良い制度をつくることに貢献する創造の行為となるでしょう。

　また、社会システムにおける不条理なこと、政治における不当なこと、経済における不公平や不満などに反応して、怒りが出てくる場合があります。これを社会的義憤と呼びます。偉人と呼ばれる人たちが偉業に取り組んだ動機となったことの多くは、人種差別問題や、社会制度的な不公平、人権の搾取、医療の未発達による人の死などに対する社会的義憤にあります。

　偉人たちは、怒りのパワーを破壊や、ただ不満を撒き散らすという行為ではなく、社会をより良い方向に変えていく創造のパワーへと変換した人たちなのです。この怒りのパワーが大きければ大きいほど、創造においてのとてつもないパワーとなって、偉人たちを突き動かしたのです。

テスラやスペースXの創始者であるイーロン・マスクが、ロサンゼルスの自宅からスペースXの本社に向かう30キロほどの道のりの間でひどい事故渋滞で足止めを食らったとき、彼のイライラと怒りはピークを迎えました。これは、個人的なイライラでもあり、現代の交通システムへの社会的義憤でもあります。

この出来事は、世界の交通システムの変革をもたらすことに情熱を傾け続けるマスクの心に火をつけました。そして、その7カ月後には、ニューヨークとワシントンDCを29分で結ぶ、地下移動システムの開発許可を政府から得ることに至るのです。ハイパーループというこのシステムは、地下に掘ったチューブ状の空間を、列車が空気抵抗や摩擦がほとんどない状態で移動できるもので、理論的には1000km/h以上のスピードを生み出すことが可能と言われています。

渋滞の中で味わった怒りが創造の力となり、交通システムに変革をもたらす。これも、ネガティブな感情を創造のパワーに変えている例のひとつです。

私はエグゼクティブコーチとして、アントレプレナーと呼ばれる起業家の方々のステージアップのサポートをさせていただいています。そんな方々とのコーチングセッションでも、クライアントが持つ社会的義憤についての話になる場合があります。

例えば、「先日、銀行へ行ったら、単純な変更手続きのために、1時間も待たされた」という体験から、「日本の銀行業界の制度は旧態依然としていて、顧客視点からの不満を挙げたらきりがない」というような義憤が出てきたりします。また、「私はベジタリアンなんですけど、日本の多くのスーパーでは、ベジタリアンにとって

買い物がしやすい環境が整っていなく、どうにかならないものかと思います」というような社会の未成熟さへの慣りも、義慣のひとつです。

このような話になると、優秀な起業家の方はそれらの不満を口にするだけに留まらず、「それらを解消するために自分に何ができるか？」という観点に素早く切り替えていきます。そして、そこに「顧客の不満」というビジネスチャンスを見出し、創造のパワーへとつなげていくのです。

また、その後の行動が実に素早い。セッションで発想したビジネスアイデアをもとに、数カ月後に新しい会社を立ち上げてしまうようなケースが日常茶飯事なのです（コーチ冥利に尽きる展開です）。

感情という偉大なるパワーソースをどう活用するか？　破壊から創造への切り替えの習慣をつくることの価値は、計り知れないものがあるのです。

> **ポイント**
>
> ・感情は人間の中にあるとてつもないパワーソース
> ・私たちは、じゃじゃ馬のような自分の感情を、創造のパワーに変える調教師であり、騎手でもある

■ 抑え込もうとすると増幅する

ネガティブな感情をあたりに撒き散らす人がいる一方、ネガティブな感情を抑え込んで蓋をしてしまおうとする人もいます。これは、調教師が暴れるじゃじゃ馬を厩舎の奥に閉じ込めてしまおうとするような行為です。

抑圧されたネガティブ感情はさらに暴れ出す

　しかし、感情というものは、無理矢理抑え込もうとすると、か
えって増幅します。

　一見静まったように見えますが、抑え込もうとすればするほど、
厩舎の奥でそれまで以上に暴れまくるようになってきます。普段か
ら無意識に抑え込んでいるので、ネガティブな感情が心の奥底で知
らない間にどんどん増幅していくのです。

　暴れまくっている馬は、何かをきっかけに厩舎から飛び出してし
まうことがあります。職場では「おとなしくていい人」と周りから
思われている人が、お酒を飲むと豹変するというようなケースや、
休みの日に客として訪れたお店の店員に横暴な言動や、振る舞いを
してしまうようなケースがこれです。お酒の席の振る舞い方は、昔
から「酒品」と言われ、その人の品性の表れであるとされます。こ
のあたりは、ビジネスパーソンとしてきちんと心得ながら、自己管
理をすることが求められます。

　ネガティブな感情の抑え込みは、ほとんどのケースにおいて無意

識に行われています。ネガティブな感情を味わいたくないので、意識を越えて、無意識に抑え込んでいるのです。これが習慣になると、喜びや悲しみなどの感情までも、無意識のうちに抑え込んでしまい、「素直に喜べない」、「悲しいのに泣けない」というようなことも起きてしまいます。

ネガティブな感情を味わいたくないので、感情の感覚をシャットダウンすることで、ほかの感情もぼやけてしまっているのです。これは、自分の感情を感じることを、自分自身で無意識のうちに麻痺させているということです。

毎日に「生きづらさ」を感じている人は、このように感情を抑圧している可能性の高い人です。

また、怒りや憤りは、内臓、特に肝臓や腎臓に負担をかけると言われています。これを溜め込むと、負担が継続します。

例えば、怒りを溜め込み、それを解消したいので大酒を飲むというようなパターンは、肝臓や腎臓に連続打撃を加え、まるでブラック企業並みに酷使しているようなものです。

感情というパワーソースを利用するにおいて、自分の感情を抑え込んでいることに心当たりのある方は、まずこの抑え込みを少しずつ緩めていくことからスタートしてみてください。

以下は、抑え込みを緩める簡単なステップです。

「ネガティブな感情自体が決して悪いものではない（貴重なパワーソースである）」ということを認識する

「ネガティブな感情を感じていい」と自分に許可を与える

ネガティブな感情に蓋をすることを少しずつ少なくしていく

↓

ネガティブな感情をぶちまけるのではなく、率直に表現していく

このステップを踏むうえで、「自分の感情を感じる」ということのリハビリテーションのためのおすすめは、悲しみの感情を味わうことです。

リハビリにおいて、いきなり喜びの感情を心いっぱい味わうというのは、ちょっとハードルが高いですが、悲しみの感情は味わいやすい感情です。

悲しみを背負った人が試練を超えていくような映画や小説を鑑賞することで、あなたの心が少しずつほぐれていきます。もしかしたら最初は、悲しみさえあまり感じられない状態にあるかもしれませんが、こういったものに触れ続けることによって、あなたの中の感情が徐々に変化していくでしょう。

そして、悲しみをしっかり感じることができたり、それによって涙が出てきたりしたら、「こんな感情もちゃんと感じていいんだよ」と自分に言ってあげてください。このことにより、感情というパワーソースを利用することができる第一の扉が開かれていきます。

もう一度言います。ネガティブな感情自体が決して悪いものではありません。ネガティブな行動につながらないように、自分を制御する術を身に付ければいいのです。

ネガティブな感情を含めて、感情は人生の彩りです。まずはしっかりと味わってください。そして、それをあなたのパワーの発揮につなげていっていただければと思います。

・感情は、無理矢理抑え込もうとすると、かえって増幅する

・感情を感じることを無意識のうちに自分自身で麻痺させ
ていることがある

■ 破壊に至らない自分をつくる

　ネガティブな感情は強いエネルギーを持っています。このため、扱い方を間違えると、破壊のパワーになります。サル的に自動反応するとか、普段抑え込んでいた感情を酒の席などで破壊のパワーとして炸裂させてしまったりすることは、社会的信用を失いかねないことを巻き起こす可能性があり、できるだけ避けたいことです。

　破壊に至る段階というのは情動のレベルです。情動とは、感情が急激に高まっている状態で、じゃじゃ馬が暴れ始め、もはや制御が困難になっている状態です。

　破壊のパワーとして炸裂させてしまわないようにするには、この情動の状態に至らないような普段からのコントロールが大切です。

あと1滴で溢れ出す

実は情動の状態に一気に至ることは多くありません。普段からのネガティブな感情が積み重なって、何かをきっかけに爆発するのです。普段からバケツに溜まり続けた水が、最後の一滴を機に溢れ出すようなイメージです。

　昨日の夜、届くはずだった荷物が届かず、運送会社にクレームを入れた → 今朝、朝のゴミ出しについて夫婦で口論になった → 出社したら、別の支社から不快なメールが入っていた → 不注意でコーヒーをこぼし、書類にかかってしまった……

　このような感じで心のバケツにネガティブな感情が溜まり続けたタイミングで、「他部署との大事な会議に部下が遅刻してきた」などということがあると、他部署の人たちを含む出席者全員の前で、その部下を激しく叱責してしまう、というようなことが起こるのです。

　あなたのことをあまりよく知らない他部署の人間にとっては、あなたのその激しく怒っている一面が、あなたの全面的な印象となります。また、多くの人の前で叱責された部下からは、恨みの感情を抱かれる可能性もあるでしょう。こうして、あなたの信用の破壊が進んでしまうのです。

　ここで大事な習慣は、定期的に感情のスケーリングをするということです。

　感情の状態が最高に晴れやかなときを10点満点として、現在の状態が何点なのかを感覚的に出してみるのです。

　おすすめは、朝、仕事を始めるときと、夜帰宅したとき。先程の例で言えば、昨日運送会社にクレームを入れ、今朝夫婦間のちょっとした口論があったので、仕事の席に着いたときには、感情の状態が４点ぐらいだったとします。この点数が低いということは、心の

コラム

バケツには結構ネガティブな感情が溜まってきている状態です。だから、ちょっと深呼吸をしてみたり、トイレに行って、鏡で自分の顔を見たりして、あなたなりのやり方で、バケツの中に溜まったものを少しでも減らしていくことが、情動に至らないための自己管理となります。

それでも1日会社でいろいろとあると、帰宅したときに点数がまた低い状態になっているかもしれません。このタイミングでも、スケーリングをしておくと、家族に対して情動に至る可能性を減らすことができます。このように、どうやって怒りの飽和状態になることを防ぐかの工夫をすることが重要なのです。

また、仮に目の前の人とのやり取りで、あなたが情動に至ったとしても、「その人は最後の刺激、最後のきっかけに過ぎない」という考え方を持つことも大切です。

怒りの爆発の原因は、目の前の人にあるのではなく、それまで鬱積したものを溜め込んだことにあるのです。

目の前の人は最後の一滴にはなったものの、バケツからあなたのネガティブ感情が溢れ出したのは、それまでの集積の過程にほとんどの原因があるということです。

叱責された部下のように、あなたの怒りを受けている目の前の人は、ちょっと気の毒な人でもあるのです。そう考えることができたら、目の前の人への怒りも多少なりとも鎮めていくことができるのではないでしょうか。

コラム

自己を理解する
（STEP1）

chapter 3
Understanding yourself

あなたの感情を理解する

■■ EQを高めるための最大のキー

　この本の冒頭で、「コーチングはクライアントのEQを高める活動でもある」と述べました。

　ここからは、EQ向上の手順と秘訣を、コーチングにおけるクライアントの変化と成果の流れに照らし合わせながら、お伝えしていきたいと思います。

　お伝えしてきたように、EQ向上のために欠かせないことが、自分の感情をコントロールすることです。そのために、まずSTEP 1の自己理解からスタートし、STEP 2の感情管理につなげます。

　STEP 1の詳細をコーチングのプロセスに照らし合わせると、次の図のような流れになります。

＊この流れをしっかりと覚えようとしなくても大丈夫です。のちほどお伝えすることを実行していけば、おのずとこの流れが進んでいきます。

　自己を理解するというのは、自分の価値観や、思考／行動の傾向、試練を迎えたときの向き合い方を認識したり、自分の認知のクセや思い込みに気づいたりするなど、かなり奥深いことです。このことにしっかりと触れていくと、本1冊だけでは到底足りなくなるような内容ですが、次のSTEP 2（感情管理）をよりスムーズに進めるために、この本では「自分の感情についての理解」という点にフォーカスします。

コーチングのプロセス

自己理解を
促す
→
理解した自分を
客観視する
→
自己受容を
促す

　ここで大事な点は、第1章のSTEP1でお話ししたHさんの例の
ように自分の感情を「見える化する」ということです。見える化を
繰り返すことで、自分の気持ちと向き合うことができるようになっ
てきます。

　様々な本で「自分と向き合いなさい」というようなことが書かれ
ていると、「向き合うとは言っても……」という感じで、「向き合
う」という言葉自体に重い気持ちになる人も多いかと思います。こ
こでは、ただ見える化されたものを見ているだけで、自然と向き合
うことができていくので、そこも気軽に考えていただいて大丈夫で
す。

　そして、見える化されることで、自分の感情を客観的に見ること
ができるというもの大きな点です。

　この客観視するというプロセスが非常に重要なのです。感情を客
観視することで、次にそんな感情が出ている自分を受け容れること
ができるプロセスを踏んでいきます。

これまでのEQに関する書物では、EQを高めることにおいての自己受容の大切さについては、あまり触れられてこなかった印象があります。

　EQは人をおもんぱかることができる力、人との調和を生み出すことができる力です。人との関係性をそうしていける前提として、まずは自分の内側が満たされ、整っていることが肝心です。

　自分自身がある程度満たされていなければ、相手に対しておもんぱかる余裕はなかなかできないのです。

　そのため、この受容プロセスを踏むことが、あなたの感情をコントロールし、EQを高めるためのキーとなるのです。

　一方、ここでもまた、「自己受容」という言葉に重さを感じる方がいるかもしれません。この本では習慣化という手法で、自然に受け容れが進むようになっていきますので、「自己受容せねばならぬ」といったような力の入れ方は全く必要ありません。リラックスして実践してみてください。

> **ポイント**
>
> 自己受容プロセスが、EQを高めるための最大のキー

■■ 「感情の見える化」をする

　私のコーチングでは、自己理解を促す → 理解した自分を客観視する → 自己受容を促すというプロセスを、認知心理学を応用した問いかけや、NLP(Neuro Linguistic Programing：神経言語プログラミング) を活用した特別なワークを通して、短時間に効果的に進めていきます。

この本では、このプロセスをあなたが自分自身でできるように、書き出すワークを通して、セルフコーチング的にシンプルに進めていける手法をお伝えしていきます。これらは、私のクライアントを始め数多くの方々から、そのリアルな効果の報告を受けているいたって実践的な方法です。

書くという行為と感情処理の関係の研究で著名なテキサス大学のジェームズ・ペネベイカーの研究によると、感情的に負担の大きかった出来事について、書き出し続けることによって、心身の健康が著しく向上することがわかっています。幸福感が高まり、憂鬱な気分や不安が和らぐ効果があると言います。

これからご紹介するワークを楽しみながら進めていっていただければと思います。

自己理解を促す → 理解した自分を客観視する → 自己受容を促すというプロセスを極めて効果的に進める手法のひとつが、「感情の見える化」をすることです。その日に出た感情を簡単なメモに残すだけで、見える化することができます。

一日の終わりに、その日起きたことで、あなたの感情が大きく動いたことをメモに残していくことで、あなたの感情の出方についてのデータベースができていきます。メモには、怒りや恐れの感情だけでなく、悲しみや嫌悪、そして喜びや共感など、ありとあらゆる感情を残すことが大事です。

日々メモに残し続けることで、データベースはより豊富になり、あなたの感情の出方についての自己理解が深まっていきます。感情の出方のパターンがわかれば、そのパターンに対する対策が取れるのです。ときには、あなたの潜在意識の中にあったことが、大きな気づきとして明確化することもあるでしょう。

また、感情の出方のパターンを理解することで、あなたが生きるうえで大切にしていること、つまりあなたの価値観についての理解の解像度が高まっていくことも起こってきます。

　なぜなら、あなたの感情は、あなたの価値観から生み出されているからです。

　例えば、「自然との共生」という価値観を大切にしている人が、アマゾンの森林が大型機械でどんどんと伐採されていくような映像を見たら、強い怒りや虚しさを覚えるでしょう。その価値観が強いがゆえに、それがないがしろにされていることに、感情が大きく反応するのです。逆にここに価値観がない人は、「人間の生活には木がいるので仕方がないな」という感じで、感情はあまり揺さぶられません。

　あなたの感情の出方のパターンがわかり、その感情があなたの価値観に起因していることがわかれば、その感情をコントロールしやすくなっていくのです。

　感情をメモに残し、見える化する習慣は、コーチングのクライアントのみなさんや、私が主催するオンラインサロンの仲間のみなさんとのやり取りを通じて、その絶大なる効果を実感しているものの代表格です。

　やることは簡単です。

やり方
　その１：感じた気持ちについてだけを具体的に書く（できるだけ毎日）。
　その２：感情の強さを１（とても弱い）から10（とても強い）の間でスケーリングしておく。

その３：１回の量は問わない。１行だけでもいいし、書きたい
　　　　　　ときは数ページ書いてもいい。
　　その４：書いてある自分の感情にいちいち良い悪いといった評
　　　　　　価をしない。
　　その５：出来事の反省や振り返りについて書きたい場合は、別
　　　　　　のノートに書く（反省や振り返りモードに入ると、感
　　　　　　情に良い悪いの評価が入ってしまうため）。

　これらのやり方に沿って、１日の終わりに、その日に起きたこと
で、ポジティブにでもネガティブにでも、あなたの感情が反応した
ことを書き残すだけです。

＊次の日の朝でも大丈夫です。

　例えば、その日、上司から言われたことで、感情が激しく動いた
ことについて、
「『これぐらいのことは、ちゃんとやっておいてくれよ』と上司に
言われてしまった。期待に応えられていない焦りとともに、取り組
んでいることを「これぐらいのこと」と言われたことへの怒りが入
り混じった思いを感じた。何か軽くみられているような気がしてな
らない。かなりどんよりとした怒りと嫌悪感がある。　感情の強さ
７」
　と書いたり、
　会社のほかの部署のAさんとのやり取りで、気分を害したことに
ついて、
「Aさんはいつも優柔不断な態度を取る。責任を取りたくないとい
う感じが見え見えで、本当に腹が立つ。そして、結局こちらのやる
ことが増えて、苦労するのは自分ばかりだ。そんなことでよく責任

者が務まるなと思うと同時に、こんな人を責任者に置いておく組織にも怒りを感じている　感情の強さ9」

と書いたりするだけです。

また、

「今日、ちょっとパニくっていたときに仕事を手伝ってくれたBさんには本当に感謝。感謝の言葉を素直に伝えられたことにも喜びを感じている　感情の強さ6」

と、このようなポジティブな感情についてもぜひメモを残してください。文章のうまいうまくないにこだわらず、ありのままをどんどん書いてみるのがいいでしょう。

ポイントとしては、書いてある「自分の感情にいちいち良い悪いといった評価をしない」という点にあります。このことをしっかり守ることが成否を分けると言っても過言ではありません。

また、書いていて、内容がネガティブな感情についてばかりだということに気がついて、そのことを否定しまう人もいますが、ネガティブな感情についてばかりになっても良いのです。否定する思いが出てきたときは、そんな思いを持っている自分を良い悪いといちいち評価しないようにしてみてください。

> **ポイント**
>
> ・感情の見える化は、自分のできる範囲でやり続ければ
> 　OK
> ・「自分の感情にいちいち良い悪いといった評価をしない」
> 　という点が、感情の見える化において最大のポイント

■ Fさんに起きたこと

　感情の見える化のデータベースをつくることが、自己理解を促す
→　理解した自分を客観視する　→　自己受容を促すというプロセス
を進めるにおいて、いかに有効であるかを、私のオンラインサロン
のメンバーであるFさんのケースを例にとって説明します。

　Fさんは、もの静かな雰囲気のある人ですが、仕事やプライベー
トでのパートナーとのやり取りで、ネガティブな感情が高ぶること
が多く、ときには感情がコントロールできずに、攻撃的な言動や行
動をしてしまうこともあるのが悩みでした。心理学やアンガーマネ
ジメントの本を何冊も読んでみたものの、根本的な解決には一向に
至らず、どうしたものかと悩み続ける日々だったそうです。

　そんなFさんに感情についてのメモを残すことをおすすめしてみ
ました。Fさんは、それを「感情日記」と題して実践してみること
にしました。

　私が主宰する「習慣塾」と銘打ったFacebookグループを使ったオ
ンラインサロンには、「早起き部」「健康部」「読書部」「英語部」など
の「部活」と呼ばれる分科会のスレッドがあります。Fさんは「感情
PDCA部」という自ら立ち上げた分科会のスレッドに、毎日のよう
に「今日も感情日記を書きました」という一文を投稿するようにな
りました。

　しばらくは、この一文が投稿されるのみでしたが、ある日こんな
投稿が上がりました。

「今日も感情日記を書きました。最近、他人の言うことをあまり気
にせず、自分がやるべきことに集中できている気がします！」

そして、数日後こんな投稿も上がりました。

「今日も感情日記を書きました。怒りの感情を持つ自分を自分自身が受け容れられています。次の段階として、感情を持った後の行動についてどの選択をするのがいいか冷静な判断ができればいいなと思います。」

　さらには、こんな投稿も。

「今日も感情日記を書きました。感じたことに対して良し悪しの判断をしないことで、そう感じてもいいのだと自分を受け容れられてきました。」

　日記を書き始めて、最初のうちは、「自分って、こう感じているのだな」ということがわかるだけで、正直「だから何？」「これやっていて、効果はあるのだろうか？」という感じだったそうです。それでもFさんは自分を変えたい一心で毎日続けました。短いときは1日3行程度、長いときは3ページにも及んだそうです。

　しばらくすると、「それでいい！」という感覚が生まれてきたと言います。これは、自分を評価するというより、感情の出方の良い悪いは別にして、「自分を認めている」というようなニュアンスだそうです。さらには、自分の感情だけでなく、自分の行動全般に対しても「それでいい！」と思えるようになったということです。また、「やる気がないな」とか「しんどいな」と感じる自分にも「それでいい！」と思えるようになったと言います。

　この感覚になってくると、ことに全力であたることで、そんな自分に「それでいい！」と言いたくなり、仕事にも自分なりに全力を尽くせるようになってきました。そして、全力を出した後に休んで

いる自分にも「それでいい！」を出すことができ、メリハリのある
良いサイクルができてきたのです。

2人の自分

行動する・感情を抱く自分　　　それでいいと認める自分

イメージとしては、行動する・感情を抱く自分とそれでいいと認
める自分（一歩離れて見ている自分）の2人がいる感じだそうです。
おそらく、かつては後者の自分は「それでいい！」という自分では
なかったのでしょう。これは非常に大きな変化です。

この変化で、次のようなことが起こり始めました。

　・自己否定が減ってきた
　・他者比較をしなくなった
　・他人が言うことの影響を受けにくくなった

例えば、以前は上司に怒られたときは、自分を否定してただ落ち

込んでいたのが、素直に「勉強になった」と思えるようになったり、仕事相手に自分の思うように質問ができるようになったりしたそうです（以前は「こんな質問をしたら、バカにされるのではないか」という思いが先行して、なかなか質問ができなかった）。

　感情を見える化することの大きな効果として、Fさんが挙げているのは「自分の中で安心感が生まれた」ことです。この安心感は、一歩離れて見ている自分が、自分のことを完璧に理解したうえで自分を認め（なぜなら、それも自分だから）、信頼してくれているという安心感だそうです。

「この安心感を絶対的なものにするために、感情日記をさらに続けたい」とFさんは言います。この安心感があれば、他人の目や、言うことを気にすることなく、自分の信じる生き方ができるようになり、挑戦する自分、決断する自分、成長する自分をつくっていけると、Fさんは感じているそうです。

　また、「自信」というものの定義が変わったことも、感情の見える化の効果だそうです。

　例えば、「試験に合格する実力が自分にはあると信じている」という、かつての自信の定義が、「試験に合格してもしなくても自信がある」という感覚に変わったそうです。これは、「合格しても、しなくても、そんな自分を（自分は）きっと認めてくれると信頼する力がある」というニュアンスだそうです。

　これは言わば「絶対的な自信」とも言えるでしょう。そして、「失敗を恐れない」という感覚であり、チャレンジングなことに取り組むための最高のメンタルパワーを得たことになります。

　そういった意味で、感情を見える化する習慣は、「自分との信頼

関係を高める習慣」であるとFさんは感じているそうです。

　そして、その最大の効果は、Fさんとの話の最後に伝えてくれた「人生が気楽になってきた」という言葉に収斂されています。

　完璧な人間など誰もいません。どんな自分もちゃんと認めることができるようになってきたことで、気楽にかつメリハリのある毎日を送ることができるようになったことの価値をFさんは噛み締めています。

ポイント

・感情を見える化することの最大の成果は、
　「自分の中での安心感」。
・感情を見える化する習慣は、「自分との信頼関係を高める習慣」でもある。

なぜ感情のデータベース化が有効なのか

■ 「切り離し」という客観力を生む

　感情の見える化によって、Fさんの人生レベルに大きなインパクトを与える劇的な変化が起きました。では、なぜそんなことが起きたのでしょうか？

　Fさんの例に沿って解説していきます。

＜１日の終わりに感情を書き出す＞

　普段、ややもすれば、あまり認識もせず出続けていた感情を、書くという振り返りによってきちんと認識することができます。なぜ怒っているのか？　どう怒っているのか？　その怒りが自分と周りにどう影響しているのか？　どんなときに怒りが出ることが多いのか？　など、書き出すことによって詳細が明確化します。

　詳細に書くことができればベターですが、「あまり詳細には書けない」と「ちゃんと書かなければいけないと思うと、続ける自信がない」という人は、

　「今日、第一会議室でセールスイベントの進め方についてDさんと口論になった。いつもこうだ。本当に腹が立つ」

　ぐらいの記述でも大丈夫です。後から記述を見ることで、そのときのシーンが回想されるきっかけとなるでしょう。あなたが感情の見える化を始めると、あなた自身の感情についてのデータが、日々あなたの脳にインプットされていきます。

これを繰り返すことで、やがてそれは、自己理解のための有効で膨大なデータベースとなるのです。

<書き出したものを見る>

文字化することによって、自分の心の中が「見える化」していきます。見える化することによって、自分の感情に関する理解が深くなると同時に、文字を通して、自分を客観的に見ることができます（自分を客観的に見えている状態を「メタ認知」と言います）。

客観的に見ていると、その感情を出している自分との「切り離し」が起こってきます。

Ｆさんが初期段階で「自分って、こう感じているのだな」という感想を言っていますが、実はこの時点で切り離しが始まっており、感情をむき出しにしている自分を冷静に見つめる自分が存在するようになっています。このことを毎日行うことによって、切り離しの感覚がどんどんと進んでいきます。

Ｆさんが「行動する・感情を抱く自分と、それでいいと認める自分の２人がいる」と表現していたのは、日々の見える化 → 客観視によって、この切り離しの感覚がかなりのレベルで進んだからなのです。

感情をコントロールするうえで、実はこの切り離しがあるかどうかが最も重要なのです。切り離しがあると、たとえ感情にゆさぶられる状態にあったとしても、心が波立たない自分が同時に存在してくれています。

例えば、アンガーマネジメントなどで「怒りが出てから６秒間やり過ごす」というのがあります。これができるかどうかは、「切り離し」という土台が出来ているかどうかにかかっているのです。で

きていない人にとっては、こういったノウハウは「6秒……。わかっちゃいるけど、どうにもできない」というジレンマを深めることにもなりかねないのです。

この切り離しは1回や2回の書き出しでは起こりませんが、繰り返すことによって、確実に進んでいきます。これはゆっくりに見えて、実はEQの向上にとって最速な効果なのです。

> **ポイント**
>
> 感情の見える化の繰り返しによって、感情を出している自分と、それを客観的に見る自分との「切り離し」が起こる

■ 自分の受容が進む

感情を見える化するときのやり方として、最も重要なことは「書いてある自分の感情に良い悪いといった評価をしない」ということです。

逆に言うと、このやり方をしっかりと守らないと、効果はいつまで経っても表れてきません。その日出た感情のことを書いた後で、それらの感情について、良し悪しの評価をしないでメモを読み返して見ると、「自分って、こう感じているのだな」と、切り離された自分が登場します。評価をしていると、この切り離しが進まないのです。

日々の習慣で、切り離された自分が進んでいくと、Fさんの例のように

・自己否定が減ってきた

・他者比較をしなくなった

・他人が言うことの影響を受けにくくなった

ということが起こり始めます。

「自己否定が減ってきた」、これ、何気なく言っているように聞こえるかもしれませんが、ネガティブな感情を出している自分や、何かをできていない自分をも否定しない自分が出来てきている、というすごいことが起こっているのです。

これが自己受容の本質です。

多くの人は、「ポジティブな自分、うまくいっている自分は受容できるけど、ネガティブな自分、うまくいっていない自分は受け容れられない」という状態にあります。

以前のFさんもそうでした。以前は上司に怒られたとき、自分を否定して、ただ落ち込んでいたのが、感情に関する情報を書き続けることによって、怒られたことに対して素直に「勉強になった」と思えるようになったのです。そして、何かがあってネガティブな感情を出している自分も「それはそれでOK」と受け容れられるようになったわけです。

重要なことは、受け容れができると、次に進むことができるということです。

次に進んだFさんは、ことに全力であたることで、そんな自分に「それでいい！」と言いたくなる、という段階に進みました。受け容れが出来ていないと、自己否定のサイクルの中に留まり続けながら、悶々とした気分の日が続くことになります。

Fさんはその段階から見事抜け出しました。そして、この自己受容の高まりが、「合格してもしなくても、そんな自分を、（自分は）きっと認めてくれると信頼する力がある」という絶対的な自信と安

心感につながっていったのです。

　ハートフォードシャー大学のカレン・パインらの調査によると、充実した人生を送るための「幸福を呼ぶ習慣」として科学的に証明されているものの中で最も有効なものは、自己受容であることが明確になっています。調査では、数千人の被験者が、自己受容度を10段階で答えていますが、5点以下と答えた人が実に半数以上だったそうです。

　あなたの現在の点数は何点でしょうか？　この点数を、「感情を見える化する」というたったひとつの習慣を続けるだけで確実に上げることができるとしたら、やってみる価値は非常に高いと言えます。

> **ポイント**
>
> 感情の見える化 → 切り離しによって、自己否定が減り、
> 自己受容できるようになっていく

■ 他人と比較しないようになる

　絶対的な自信と安心感が自分の中で醸成されてくると、他人との比較をしないようになります。自分自身から承認されているので、他人を気にする必要がなくなってくるのです。

　逆に、過度に人と比較し始めると、あなたの自己受容がダメージを受けます。そして、自己受容ができないので、誰かに承認してもらう必要があると考え、承認欲求が増大してしまうのです。

　EQの高い人、自己受容度の高い人は、他人と比較して満足を得

ようとしません。

　周囲の評価は当てにならず、自分に絶対的な自信と安心感を与えてくれるのは、自分自身だけだとわかっているからです。こういう人は、SNSの使用なども依存的にならず、適度に有効利用することができているはずです。

　他人との比較をしなくなり、他人が言うことの影響を受けにくくなったFさんは、上司、同僚、他部署の人間など、仕事相手に自分の思うように質問ができるようになりました。それまでは「こんなことを聞いたらバカにされるかもしれない」というような考えに囚われ、わからないことを曖昧にしたり、積極的に議論に加われなかったりしていました。自分からの承認を得たことにより、そんなことは気にせず、仕事の目的と目標達成のための意識が強くなっていったわけです。この辺りにもEQの高まりにより、仕事の成果が挙がりやすくなる明確な理由が垣間見られるでしょう。

　人には、感情を必要以上に出してしまう「over-emoter」というタイプや、感情表現を必要以上に抑え込んでしまう「under-emoter」というタイプがいます。EQが向上してくると、この感情表現のバランスが整ってきます。自分を押し殺すことなく、かつ周りの人のことも考えるという「自他尊重」の感覚から、適切な感情表現ができるようになってきます。

　Fさんは、どちらかというと、自分を押し殺しがちなunder-emoterタイプでした。そして、押し殺し続けた感情が、思わぬところで爆発してしまうことに悩んでいました。

　感情日記を続け、自分を客観視することを続けてきたFさんは、他人が言うことの影響を受けにくくなりました。そして、バランス

のいい感情表現ができるようになったことで、ネガティブな感情を心の中に溜め込むことなしに、感情のコントロール度合いを高めることができるようになったのです。

ポイント

EQの高い人、自己受容度の高い人は、他人と比較して満足を得ようとしない

■■ まず小さなことに手をつけてみる

　ここで試しにやっていただきたいことは、今日のことでも、昨日のことでも、ここ1週間以内のことでも、あなたの感情が動いたことについて、次のページのメモ欄に今すぐに書いてみるということです。

　ここまで読んで、感情の見える化をすることは必要だと感じていても、それを実際に書き出してみることは結構大変そうに感じたり、楽しくなさそうに思えたりしている人もいるでしょう。

　また、行動することに少しのプレッシャーを感じている人もいるかもしれません。

　ここで大事なことは、「ちょっとしたことを、とにかくすぐに手をつけてみる」ということです。それが習慣化の非常に大切な第一歩になります。

　また、自分の感情をメモすること自体に抵抗を感じる人は、例えば「よくわからないが、あらためてメモを書くことに何だか抵抗を感じる」というような感じで、その抵抗を感じる気持ちを書いてみてください。

感情メモを書くうえで、上手な文章にする必要はありません。後であなたが読んで理解できるメモであれば十分です。

　習慣化においては、こんな感じのことを日々、自分のできる範囲でやり続ければOKです。

　そして、次なるアクションプランは、メモ用のノートを用意すること。この小さなアクションプランを実行するだけで、あなたのEQ強化への道がひとつ開けてくるのです。

✎ 感情のメモの練習

＊最近、怒りが出たこと、悲しかったこと、嬉しかったこと　など

■ あなたの特徴は？

　お伝えしているように、感情の見える化は、感情をコントロールする土台をつくるためにとても有効な習慣です。感情の見える化の効果のひとつは、自己受容。この自己受容を高める簡単なワークがあるのでご紹介しておきます。これは感情の見える化を始めるにおいてのウォーミングアップとしても非常に有効ですので、お時間のあるときにぜひやってみてください（10分ほどあればできます）。

　まず、あなたが自分の長所だと思うことをたくさん挙げてください。付箋に書いて貼り付けるのもいいでしょう。

　ここではあまり深く考えず、頭に浮かんできたことをそのままペン先に落とし込んで、できるだけたくさん書いてみるというのがポイントです。「人と気軽に話ができる」というのも長所ですし、「慎重に考える」というのも長所です。ちょっとしたことでもいいので、これまでの人生でうまくいったことなどを思い出してみると、うまくいった要因に自分の長所が関係していることに気づくかもしれません。

　次にあなたの短所についてです。
「気が短い」だとか、「優柔不断」とか、思いついたものをどんどん書いていってください。人によっては、こちらの方が出しやすいという人もいるかもしれません。

◆あなたの長所

◆あなたの短所

　さて、出揃った長所、短所を見て何を感じるでしょうか?

　ここにも新たな自己理解があるかもしれません。

　今度は、あなたが自分の短所だと思っていることについて、ちょっとした変換をしてみてください。

　それは、「その短所を長所と捉え直したらどうなるか?」という変換です。

　例えば、私が短所だと捉えていたことのひとつに「せっかち」という点があります。これを長所として見てみると、「仕事が速い」「ことを進めるエネルギーがある」というような見方ができます。実際、仕事は速い方ですし、メールのレスポンスなどもかなりクイックという特徴があります。

　変換の例を挙げておきますので、参考にしながら、「あなたの特徴」の欄に変換したものを書いていってください。

　　愛想がない　→　真剣

　　飽きっぽい　→　気持ちの切り替えが早い

　　決めつけたものの言い方をする　→　明快に意見を言う

　　仕事が遅い　→　仕事が丁寧、職人肌

　　マイナス思考　→　思慮深い、アクシデントを想定する力がある

　　面倒くさがり　→　自分の気持ちに正直 (やりたくないことはやらない)

　　優柔不断　→　柔軟性がある、ものやことのいいところを見つけるのがうまい

　　わがまま　→　状況判断力がある、自分の気持ちに正直

　　流されやすい　→　場の空気が読める、集団行動が得意

＊これらは「ネガポ辞典」というアプリを参考にしています。ぜひ参考にしてみてください。

ここで大事なことは、あなたが短所だと思っていることが、あなたの貴重な特徴であり、使いようによっては、仕事などにもとても役に立ってくれるものであるということです。

　仮にあなたがそれが短所だと思っていても、もしかしたら、周りの人から見たら、長所や強みだと捉えているかもしれません。

　例えば、あなたが「自分は地味な仕事ばかりしている」と思っていても、その仕事によって周りには大きな安心感や信頼感を与えている、とても貴重なことだったりします。短期視点で見ると短所に見えることが、長期視点で見ると、あなたの素晴らしい特徴であることがわかってくるのです。

　このように書き出し、客観視し、長所／短所という捉え方から、「あなたの大切な特徴」と捉え直してみると、「その特徴をどう活かしていくか？」という観点で自己を受容することが進みます。そして、感情をコントロールする土台がつくられていくのです。

◆あなたの特徴

HOW TO IMPROVE
EMOTIONAL INTELLIGENCE QUOTIENT

感情を管理する
（STEP2）

自動反応するサルからの卒業

■ 刺激と反応の間に隙間をつくる

　ヴィクトール・フランクルが言うように、刺激と反応の間に隙間をつくることが、感情のコントロールにとって、とても大切です。刺激とは、他者の言動であったり、世の中の出来事であったりします。その刺激に対して、あなたの感情がどう反応するかがポイントです。刺激からダイレクトにネガティブ反応にならないのが、「隙間がある」という状態です。これは、直情的にならないということでもあります。

　隙間は、STEP 1 でお伝えした感情の見える化の習慣を続けることによって、着実につくることができていきます。
　おさらいしておくと、その流れが以下のとおりです。

　　書き出すことによって、自分の感情の出方について理解する
　　（自己理解を深める）

　　書いた感情を評価なしに眺める（自分を客観視する）

　　自己否定が減ってくる（自己受容が促される）

　この流れでSTEP 1 が進むと、刺激と反応の間に隙間ができて、同じ刺激に対してもあなたの反応が変わってきます。

感情の見える化を習慣化することによって、刺激に対する認知が変わっていきます。認知が変わると、ネガティブ反応が起こりにくくなります。そして自己受容が進むと、さらにネガティブ反応が起こる確率が下がっていきます。これが、フランクルが言う「隙間」ができるという状態です。

　Fさんの場合は、他人の言うことが「怖いこと」という認知から「関係ないこと」という認知へ、潜在意識レベルでの変換が起こりました。その結果、他人が言うことの影響を受けにくくなったのです。刺激に対する反応、つまり感情の出方が、ネガティブなものからニュートラルなものへと明らかに変わってきたわけです。そして、Fさんの感情というじゃじゃ馬は、一流のサラブレッドへのステップを確実に進み始めたのです。

ポイント

刺激についての認知が変わると、ネガティブ反応が起こりにくくなる

■ 自分を実況中継する習慣

　STEP 1では、刺激と反応の間の隙間をつくることができました。感情をコントロールするには、実はもうひとつチャンスがあります。それは、反応から行動の間に隙間をつくってあげることです。

　感情が出た後にどう対応するか？　ということです。EQの高い人は、この後の対応も優れているのです。

自動反応から隙間のある反応への変化

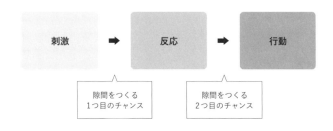

刺激 ➡ 反応 ➡ 行動

隙間をつくる
1つ目のチャンス

隙間をつくる
2つ目のチャンス

　そこで効果を発揮するのが「自分を実況中継する習慣」です。

　これは刺激に反応してネガティブな感情が出てしまった後、ネガティブな行動に移行しないための策です。そのためには、ネガティブな感情をいかに鎮め、持ち続けないようにするかが肝心です。怒りにしても、憤りにしても、ネガティブな感情を持ち続けることが苦しみにつながり、ときに破壊的な行動につながるのです。

　自分を実況中継するとは、ネガティブな感情を出している自分の状態を実況中継するように観察するということです。Fさんの話に、行動する・感情を抱く自分と、それでいいと認める自分が登場してきました。自分を実況中継するというのも、これに近いイメージです。

　例えば、怒っている自分をもうひとりの自分が、
「おっと、怒りがこみ上がってきていますね」
「ふざけんな！　と顔に書いてある感じです」
「ひと言言い返さなければ気が済まないという表情をしています」

こんな感じで自分を実況中継できれば、すでに自分の中で切り離しができています。切り離しができるので、反応と行動の間に隙間ができ、ネガティブな感情がネガティブな行動に直結しなくなるのです。

　これは、仏教で言う「内観」というものです。怒っている状態を言葉にすることによって、怒っているという状態を意識化することができます。意識化することができれば、怒っている自分と、それを言葉にしている自分を切り離すことができるのです。

　これによって、要らぬひと言を言って状況をさらに面倒にするようなことや、人間関係の破壊という悲劇を避けられることになるでしょう。

　仮にネガティブな感情が出ても、それがネガティブな言動や行動に反映されなければ、コントロールが効いているということになります。

　コントロールが効くとは、一時の感情に流されることなく、適切な行動を取ることが出来ることです。これができる人の方が、できない人よりEQ値が高いわけです。

　ただ、ご想像のとおり、そんなに簡単にはいきません。ネガティブな感情が強く出てしまっているときは、人はその渦の中に巻き込まれてしまっています。

　「あの人は許せない」とか「いくら仕事でも、あの人と話すのは嫌だ」とか、「あの人は評価してくれなかった」など、意識の矛先が相手に対してあるうちは、あなたは感情の支配下にあります。さまざまなネガティブな感情が入り混じったムードが続く中、感情の支配下に居続けるのではなく、「自分はネガティブな感情に支配されて

しまっているんだ」と明確に意識できることが肝心です。

　例えば、怒りというネガティブな感情があるような場合、「私は怒っている」、「怒っている私がいる」と思えたら、実況中継の始まりです。「私は怒っている」、「怒っている私がいる」と思えた時点で、怒っていることを少し冷静に意識できている状態になっているということです。

　最初のステップとしては、ここまでできたらOK。まずはここまでをできるよう、トライしてみてください。小さなことに思うかもしれませんが、これだけでかなり大きな前進が得られています。

　ネガティブな感情に支配されている自分を意識できるようになったら、次は客観的な言葉で実況中継することです。

「私は怒っている」

「"怒っている私"がいる」

「"怒っている私"を私は観ている」

「"怒っている私"を私はわかっている」

　上記では下の段階にいくほど、より客観的な表現になっています。こういった客観的、俯瞰的な言葉で実況中継していると、刺激に反応している自分からの切り離しがさらに進んで、心が落ち着いていきます。

　怒っている状態をサルに見立てたり、あだ名を付けて実況中継す

るのも有効な方法です。

「おっとサルが出ていますね」とか「今回の怒りはゴリラ級ですね」のように中継することで、切り離しができてきます。

　仮にきちんとした性格の人が、自分の感情の見える化によって、「適当に仕事をやる人を許せない」という怒りがよく出るということが明確になったとします。このような人は「きちんとしていなければいけない」という価値観があるので、仕事を適当にやっているように見える人に対して怒りが出るのです。

　しかし、その人は集中してやる仕事と適当にやる仕事のメリハリのつけ方がうまい人なのかもしれません。このような場合、こちらの価値観を押し付けて、それを怒りに変えないようにすることが大事です。

　こんなとき、サル状態にならないためのアイデアは、こちらの価値観を押し付けるキャラクターに、例えば「キチキチくん」というようなニックネームを付けてみることです。怒りが出てきたら、「おっと、キチキチくんが出てきましたね。要領良く、適当にやる人が許せないようです」と中継をしてみるのです。

ニックネームの例

　　白黒はっきり付けたがり、グレーゾーンを許容できない

　　→せんびきくん／せんびきさん

　　効果効率、スピード重視で、ゆっくり丁寧に進める人にイライラしてしまう

　　→せっかちくん／せっかちさん

　　論理重視で、感覚的なものからくる発言を受け容れられない

　　→ロゴスくん／ロゴスさん

価値観は人それぞれ、人によっては、あなたと全く違う価値観を

持っている人もいます。そこを理解しようとせず、こちらの価値観ばかりを押し付けて怒っているのは、EQの高い状態とは言えません。価値観を押し付けるキャラにニックネームを付けて、そのキャラとの切り離しをすることで、反応と行動の間に隙間をつくることができるようになっていくでしょう。

　また、怒りが強い場合、感情に続いて体が反応してきます。怒りでわなわな腕が震えたり、何かを破壊したいエネルギーが充満してくるのを感じたりするのです。

　今度は、その体の状態を実際に言葉に出して実況中継してみてください。

「怒りが強過ぎて、体の反応がとんでもない」

「ああ、目の前にあるものをぶっ壊したい気持ちだ」

「ひどい言葉が勝手に出てきそうだ」

　というようなことを実際に口に出してみるのです。

　これは、破壊行為に移りそうな自分を「なだめる」というよりも「ながめる」感覚です。

　このようにすると、自分の体の反応状態を内観することができ、切り離しが起こり、感情が落ち着き、体の反応が緩まっていくでしょう。

ポイント

・ネガティブな感情が出ても、ネガティブな言動や行動に反映されなければ、コントロールできている

・客観的、俯瞰的な言葉で自分自身を実況中継できると、より効果的である

■■ 自分に問う習慣

　そして、実況中継が進んで落ち着いてきたら、自分自身にこんな問いをしてみてください。

「この感情からのメッセージは何だろう？」
「私は何が嫌なのだろう？」
「私は何が満たされないことを恐れているのだろう？」

　すぐ答えがひらめかなくてもいいので、問い続けてみてください。Chapter 2で「ネガティブな感情には、あなたに何かを知らせようとしている貴重な機能がある」ということについてお話ししました。問い続けることによって、その感情からのメッセージが、やがて何となくわかってきます。

「この仕事を期日までに終えられないことを恐れているんだ」
「上司が部下を公平に扱っていないことに憤りがあるんだ」
「この人にライバル心を持っているので、自分より実績を上げていることを認めるのが嫌なんだ」

　など、あなたの心の中にあるものに気づくことができていきます。
　場合によっては、

「みんなでともに成功するために、時間やルールをきちんと守ることが大事」
「人はどんなときも公平に扱われるべきだ」
「努力している自分を大切にする」

など、あなたが大切にしていること、つまり、あなたの価値観に気づくこともあります。なぜなら、感情はあなたの価値観に反応するからです。逆に言うと、それらの価値観を持っていなければ、刺激に対してあなたの感情は反応しないでしょう。

感情はあなたの価値観を知るためのありがたいバロメーターでもあるのです。

　このように、強い感情が出ている自分に問いかけることで、表面的ではなく、深い部分での自己理解が進みます。この深い自己理解を得ることによって、自分の感情をコントロールする力がさらに高まっていくのです。

　感情のコントロールにおいては、無意識の中で感情の支配下に居続ける状態から、この「気づいている状態」になるまでのスピードが勝負です。自分を実況中継することを続けることによって、感情を発動させている自分に気づくまでのスピード、つまり「切り離し」ができるスピードがどんどんと速くなっていきます。

　刺激に反応して、激しい感情が出た直後は、感情を発動させている自分を意識することはかなり困難ですが、自分を実況中継する習慣と自分に問う習慣をあなたの中に定着させていくことで、一旦、強い感情が出てしまっても、「冷静な状態に戻せる自分」を確立していくことができます。

　このプロセスを通じて、あなたのEQのレベルがしっかりと上がっていき、刺激に自動反応するサル状態を卒業できるようになるのです。

・強い感情が出ている自分に問いかけることで、深い部分
　での自己理解が進む

・感情はあなたの価値観を知るためのありがたいバロメー
　ターでもある

恐れや不安に対処する習慣

　ショックなことが起きた場合、恐れや不安といった感情が吹き出します。

　こういった恐れや不安にさいなまれ続けないことが、感情のコントロールとして重要な点です。

　コントロールするポイントは、「起きたことをどう解釈するか？」です。例えば、一生懸命取り組んだ仕事に失敗してしまった場合、大きなショックとともに、将来への不安が襲ってきます。

　刺激が極度な反応にならないためには、起きたことに対する捉え方を、心のパワーを失わなくなるような捉え方にしていくことが有効です。これは、例えば、感情メモを付けて、自分を俯瞰してみることによってできていきます。Ｆさんが「以前は上司に怒られたときは、自分を否定して、ただ落ち込んでいたのが、素直に『勉強になった』と思えるようになった」と言っていたのは、Ｆさんの「上司に怒られた」ということに対する捉え方が、心のパワーを失う捉え方から、失わない捉え方になっていったということです。こうなると「上司から怒られた」という刺激に対して、恐れや不安の反応が起きなくなっていくのです。

　反応が出てしまった後は、ここでも自分を実況中継する習慣が有効です。

　上司に怒られて……

「私は落ち込んでいる」

「落ち込んでいる私がいる」

「落ち込んでいる私を私は観ている」

「落ち込んでいる私を私はわかっている」

　ということができてくれば、心はかなり落ち着いていくでしょう。

　さらにここでご紹介するのは、「心を鎮める言葉を発する」という方法です。

　これは、ものごとがうまくいかなったり、期待する成果が出せなかったり、ショックなことが起きたりしたときに、心を鎮める言葉を発する習慣です。

　沖縄のおばあが言ってくれる「なんくるないさ」というのも、この心が鎮まる言葉の1つです。何かあったとき「なんくるないさ」と実際に口に出して言ってみることで、心を鎮め、ネガティブな行動に移ることを防ぐのです。

＊ちなみに、「なんくるないさ」は、「人として正しい行いをしていれば、なんとかなる」という意味です。

　なんくるないさ
　なんとかなる
　雨降って地固まる
　これも成功するまでの過程のひとつ
　誰でも通る道
　ここからが勝負

など、何か落ち込むことがあったとき、いろいろな言葉を試してみて、あなたにとってしっくりくる言葉（心が鎮まる言葉）を見つけてみてください。

　これは、私の他の本でも書いたのですが、私がおすすめする言葉は、「だからよかった」という言葉です。

　私自身、何かショックなことがあったとき、「だからよかった」と何度も口に出してみることで、ショックなことに反応して出て来る恐れや不安が、徐々に消えていくことを幾度となく経験しています。

　例えば、数ヶ月準備していた仕事が、先方の都合で実施できなくなって、大きなショックを受けたときがありました。このときも、ショックから来る強い感情に対処するために、「だからよかった」と口にしてみました。ショックを受けてすぐは、この言葉を口に出すこと自体に心に大きな抵抗があります。最初は、心の中にある感情と口に出して言っていることに、大きな隔たりがあることを感じつつも、何度も「だからよかった」と言ってみるのです。

　すると、不思議なくらいに心が落ち着いてきます。

　ちょっとバカみたいですが、お風呂に入りながら、自転車に乗りながら、「だからよかった」と連発してみます。やがて、心は完全に鎮まり、何事もなかったかのように、自分のペースを取り戻すことができました。

　すると、数日後、何年来ずっとやりたかった仕事のオファーが入って来て、それを楽しく経験することができたのです。これは、先の仕事を実施していたら、スケジュール的に対応することができなかった内容でした。そして、そのずっとやりたかった仕事をしな

がら、再び「だからよかった」を深い実感とともに発している私がいたのです。

　もっと軽い例で言えば、ある日、目的地に電車で向かっていたところ、乗り換えを間違えてしまい、到着が予定より15分ほど遅れることになりました。ある程度の余裕を持ってスケジュールを立てていたので、トラブルになる可能性はありません。それでも、自分のミスを攻めようとする気持ちが沸いてくるのを感じました。

　そこで「だからよかった」と、何回か口に出してみました。するといつものように、心がスーッと落ち着いていきました。そして、自分への怒りという反応が、自分の心を痛めつけることに結び付くことを避けることができたのです。

　すると、下車予定の駅に着く直前に、突然、空が真っ黒になり、殴りつけるような激しい豪雨が始まったのです。もし、乗り換えを間違っていなかったら、駅から目的地への間の徒歩での移動の最中に、大変な目に遭っているところでした。駅に降り、豪雨が鎮まるまで少し待っている最中に、「だからよかった」と心から思うことができ、その後の予定をとても楽しむことができたのです。

＊「だからよかった」は、きちんとやっている自分に対してだけ言える言葉で、いい加減にことを進めて、うまくいかないときには、素直に反省することをおすすめします（笑）。

　このような経験は、これらだけに留まらず、軽いことから、深いことまで、実に何回も起こっています。そんな経験から、今では、何があってもかなりの確信を持って「だからよかった」と口に出して言うことが習慣になっています。

・起きたことをどう解釈するかで、恐れや不安も出方も変わってくる

・ショックが起こったとき、心が鎮まる言葉を実際に口に出して言ってみる

■ AIを恐れる前に

AI（Artificial intelligence）とは、かつて人間にしかできなかった知的な行為を、データとアルゴリズムを駆使して機械的に実行できるようにすることです。認識、推論、創造、判断などを高いレベルでできるAIは、計算速度、処理速度という点では、すでに人間の知能レベルを遥かに凌駕しています。

AIがエクスポネンシャル（指数関数的成長）の中心になる時代、私たちの生活やビジネスシーンは、これからの数年で急速な変貌を遂げていくと言われています。車の自動運転化や、銀行業務などビジネス手続きの自動化、生産のさらなるオートメーション化を始めとする進化により、ビジネスプロセスに人間の手を必要としない時代になっていきます。

そんな中、AIによる変化をむやみやたらに恐れる人もいますが、大事なことは私たち自身の足元をしっかりと固めることです。

ここまで述べてきた刺激 → 反応 → 行動という流れにおいても、AIが人間の代わりを務めることができます。これをAI的に言うと、認知 → 判断 →操作という流れになります。起こっていることをカメラや音声受信により正確に認知し、膨大なデータと照らし合わせながらアルゴリズムで処理し、最適な判断をします。そして、その判断に従い自動操作する流れです。

ビジネスにおいては、例えば、営業にしても接客にしても、AIが行うことが可能になっていきます。膨大なデータから顧客に最適なものを提示するという機能においては、人間を遥かに上回るので、

生身の人間としては、顧客の感情的な部分とどうつながることができるかが勝負になっていくでしょう。

EQの低い人とAIのちがい

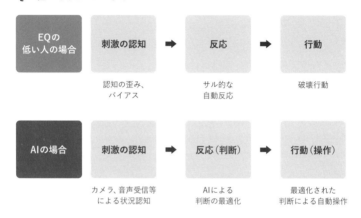

変な例えになりますが、上司、部下の関係では、部下に対しての歪んだ認知や偏見を持ち、サルのように自動反応し、人間関係を壊してしまう上司より、こちらの意図を正確に認知し、最適な判断をし、的確に実行してくれるAI上司の方がよっぽどいいということにもなりかねないでしょう。

このように、AIにより自然淘汰されていくのは、スキルや情報のない人の前に、EQ の低い人である可能性は極めて高いのではないでしょうか。これらのことからも、心の知能指数を高めていくことは、これからのエクスポネンシャルな世界において、さらに重要度を増してくると考えられます。

コラム

自分を思いやる

■ セルフ・コンパッションの発動

Fさんからは、「自分との信頼関係を高める」「安心感」といったキーワードが出てきました。安心感は、自分に信頼され、受け容れられていることによる感覚。これは、自分自身を思いやり、大切にすることができるようになったということです。

反対に、私たちの多くは、エンストした車に「このポンコツ！」と罵声を浴びせかけるような行為を、知らず知らずのうちに自分自身にしてしまっています。何か失敗すると自分にダメ出ししたり、自分の才能や性格のせいにして諦めてしまったりすることで、失敗や挫折から復活しにくい状況をつくってしまうようなことを、無意識にしてしまっているのです。

以前のFさんもこのようなことが起きており、それが日々の感情の乱れにも大きく影響していました。感情の見える化によって、自分と自分の感情を客観的に見られるようになり、そして自分を受け容れることができる度合いが高まっていったのです。

これはセルフ・コンパッションが高まっているということでもあります。

「セルフ・コンパッション」とは、自分自身に向ける「思いやり」や「慈しみ」のことで、どのような状況でもあるがままの自分を自然に受け容れられる心の状態のことです。

カリフォルニア大学バークレー校のセリーナ・チェン教授は、

「セルフ・コンパッションは自分とチームを成功させる」という研究レポートの中で、

「失敗したり挫折したりしたときに自分に対して寛容になる『セルフ・コンパッション』の効用が、生活や仕事において認められ、その研究が進んでいる。この傾向が強い人は、自己を成長させるモチベーションが高く、強いオーセンティシティ（自分に嘘偽りがない性向）を示す。この2つはリーダーシップの発揮を促すなど、キャリアでの成功を支える重要な要素である。そして、セルフ・コンパッションは意識して伸ばすことができる」

と言っています。

自分を思いやり、慈しむことは、心の平穏を生み、感情の安定につながります。そして、マインドフルネスな状態を生み出してくれるのです。これが自己を成長させるモチベーションの向上や、リーダーシップの発揮など、キャリアでの成功を後押ししてくれるようになるとチェン教授は言っています。

問題発見 → 問題解決は、ビジネスを行ううえでの基本で、これがしっかりできることはビジネス能力の高さを証明します。このことから、「管理する」ということを「悪いところを見つけて正し、統率を取る」と捉え、問題を発見したら指摘してダメ出しをして改善を図るというやり方を、ついつい取ってしまうという方も少なくありません。

しかし、このやり方は、機械やシステムなどのオペレーションマネジメントには通じても、人の気持ちが直接絡む人のマネジメントにおいて過剰にやってしまうと、さらなる問題の原因となりかねません。

「お前が問題だ」「お前の〇〇が問題だ」と決め付けられて詰め寄ら

れると、相手はなかなか素直にはなれなかったり、場合によっては、心のエネルギーが極度に落ちてしまったりする場合があるからです。

　自分の感情の管理をする場合も同様に、自分の中の問題を指摘し、否定することを繰り返していては、事態は一向に良くはならないのです。もっと賢い方法は、この「否定して直そうとする」というやり方から卒業することです。

　これをお伝えすると、「でもちゃんと指摘しないと、甘やかすことになるのでは」という方もいます。そういう不安が出てくる気持ちもわかります。

　では、親や上司に自分の至らないところを指摘され、ダメ出しされ続けた場合のあなたの心の状態を想像してみてください。また、一念発起して、何かにチャレンジしたものの、失敗してしまったときに、目の前の人に失敗原因を追求され続けたり、ダメ出しをされ続けたりした場合はどうでしょうか。

「自分でも気にしていることをダメ出しし続けられる……」
「一生懸命やっているのに、ダメ出しや問題点を指摘し続けられる……」

　やるせないですよね。

　一方、こんなときに、
「そのことが至らないと、自分でも気になっているんだね」
「失敗してしまったことを残念に思っているんだね」
「さあ、これからどうしたい？」
　のように、相手が、レッテル貼りや、評価をせず、ニュートラルに接してくれたらどうでしょうか？

思いやりのある言葉をかけてくれたら、どうでしょうか？

　書き出した感情を評価せずに見るというのは、このニュートラルな接し方を自分の感情に対してしているということなのです。

　感情の見える化を始めてしばらくは、この「評価せずに見る」ということに違和感を感じたり、うまくできなかったりする場合もあります。しかし、数日続けていくと、やがて自然にできるようになっていきます。そして、「切り離し」が起こり始め、「自分を思いやる」ということができる感覚につながっていくのです。

> **ポイント**
>
> 自分にも相手にも、「否定して直そうとする」という、賢くないやり方から卒業する

■ ネガティブな感情を見分ける力

　ここまででおわかりのように、喜び、怒り、悲しみ、恐れ、嫌悪など、感情というものは、たとえネガティブな感情であっても、「出してはいけないもの」ではありません。無理矢理抑え付けることを続けていると、心の中がパンクしてしまう場合もあります。

　重要なことは、「感情を見分ける」ということです。

　人間は感情の生きものであり、感情が出るのはごく自然な行為です。ネガティブな感情という点では、EQが相当高い人でさえ、恐れることがあったり、怒り心頭になることがあったりします。

　大事なことは、「そのネガティブな感情が、自分のエゴやわがま

まから出ているものか? それとも、相手やその他大勢の人たちのことを思ってのものなのか?」をしっかり見分けることです。

　例えば、相手を上から目線で見て、こちらの思惑通りに動いてくれないときに出る怒りは、エゴから生じるネガティブな感情です。会議の場などで、自分が有利になるための案を相手が飲んでくれないときに出る苛立ちも同様。これを無理やり押し通そうとすることで、相手との関係性を悪化させてしまうのは、こちらのエゴに原因があります。相手にばかり無理をさせては、中長期の健全で効果的なパートナーシップが形成されないのは、明白でしょう。これは、EQが高い人が取る行動パターンではありません。

　このように、自分のエゴやわがままから出ている感情を放っておくと、人間関係に影響したり、人からの信頼を失ったりすることになります。これではビジネスの成果にも、人生の幸福感を得ることにもつながりません。このような感情をしっかりとコントロールすることが、EQの向上に欠かせないのです。

　一方、ネガティブな感情が出ている原因が、自分個人のことだけではない場合もあります。例えば、職場における男女不平等の言動や行動が散見される組織の状態が、従業員の怒りや憤りというネガティブな感情につながっている場合です。その場合、ネガティブな感情を創造のエネルギーに転換できれば、環境改善への取り組みの提案や、人々がより生き生きと働ける組織づくりの活動に貢献できるようになります。そうなれば、ネガティブな感情は、結果として人の役に立つものとなるのです。

　このように、ネガティブな感情が、エゴやわがままが原因で出ているのか、そうではないのかの見分けがつくようになることは、あ

なたの大きな力となります。

　とは言え、人間は完璧な生きものではありません。感情メモに書いたものを読んでみて、そこに書かれているネガティブな感情が、あなたのエゴやわがままにより起こっていることだとわかったら、まずはそんな感情を起こしている自分を否定せず、「ああ、自分の中のエゴやわがままがこの感情を起こしているんだ」とニュートラルに眺め続けてあげてください。エゴやわがままが元で、ネガティブな感情を出している自分を客観的に見てあげる習慣が進んでいくと、やがて、自己受容が進んでいきます。

　これを繰り返すうちに、エゴやわがままにより起こっているネガティブな感情が出ることが、段々と少なくなっている自分に気づくことでしょう。こうして、EQは確実に高まっていくのです。

> **ポイント**
>
> 自分のエゴやわがままから出ているネガティブな感情も、
> いったんニュートラルに見る

共感力を高める
（STEP3）

chapter 5
Improving empathy

あなたの意識は
どこにいっているのか

■ 共感の本質

　EQ向上のための３つ目のSTEPは「共感」です。

　共感は、相手のことを理解しようとする気持ちの上に成り立ちます。STEP１、STEP２で自分の中が整ってくると、相手との関わりであるこのSTEP３もスムーズになっていくでしょう。

　世の中が共感の時代に入ってきたと言われており、共感という言葉を書物やネット上の記事で目にする機会も多くなってきたのではないかと思います。そんな中、共感というものの本質をしっかり語っているものはあまり多くないのではと感じます。

　共感というと、「うんうん、その気持ちわかるわかる」というニュアンスのことだけで捉えているケースがほとんどです。

　実際に

　「私もそんな経験があるから、すごく共感する」

　「このチームは、まずお互いに共感を持つことが必要だ」

　「あの人の考え方には共感できない」

というような使われ方をします。

　共感というものは、人間関係において、相手との心の橋をかける重要な役割を担います。

　一方、コミュニケーションがこの共感からスタートできないことで、人間関係がなかなかうまくいかないパターンになってしまって

いることがあります。

　例えば、あなたが一生懸命取り組んだことに失敗して、ひどく落ち込んでいる最中だと想像してみてください。そんなときに上司や同僚に＜パターン１＞のようなことを言われたらどう感じるでしょうか？

〈パターン１〉
「失敗は成功の元だ。こういうときほど元気を出してもう１回取り組んでみるんだ」

　言っていることは正しいし、相手はこちらのことを思って言ってくれているだろうとも思えるのですが、ひどく落ち込んでいる段階で、このような言葉をスッと受け止めることは難しいでしょう。

　では、こんな感じのやり取りになったらどうでしょうか？

〈パターン２〉
上司　　：「うまくいかなくて、どんな気持ちがある？」
あなた：「悔しいし、情けない気持ちもあります」
上司　　：「そうか。悔しいし、情けないんだな。私が君の立場だったら、多分そうなるよなあ」

　こんな感じでコミュニケーションが始まったら、先ほどのパターン１とはどんな違いがあるでしょうか？
　パターン１では、「そりゃそうだけれど、元気を出せと言われても……」という感じで、言われた相手との心の橋はなかなかかから

ないでしょう。

　一方、パターン2では、こちらの気持ちをいったん受け取ろうとしてくれている感じがします。共感しようとしてくれている相手のこの態度に対して、こちらから心の橋をかけたくなる感じがするのではないかと思います。

> **ポイント**
>
> コミュニケーションが、共感からスタートできないことで、人間関係がなかなかうまくいかないパターンになってしまっている

■「わかる。わかる」だけが共感ではない

　こういう話をすると、「私は人の気持ちがわからないから……」と思ってしまう人もいるかもしれません。変な話に聞こえるかもしれませんが、そう思っても大丈夫です。共感において、必ずしも人の気持ちがわからければいけないということはありません。共感というのは、人の気持ちがわかることだけではないのです。

　一体どういうことか？

　カフェなどで、「その気持ちわかる」とか、「それ、自分にも経験ある。わかる。わかる」というような会話が交わされていることがあります。これが一般的に認識されている共感です。
　一方、実はこれだけが共感ではないのです。
　重要なのは、相手に共感できている事実よりも、むしろ、相手の

ことを理解しようとする態度を持っていることなのです。

　現在、地球上には、70数億人の人間がいますが、誰ひとりとして同じ人間はいません。たとえ双子であっても、違う経験をするし、違う性格、違うものの見方を持っています。だから、いくら自分に近い感覚を持っている人でも、いつも共感できるとは限らないのです。そこで、「共感 ＝ 人の気持ちがわかること」だけであれば、共感できない → 相手との心の橋がかからないということになってしまいます。場合によっては、「相手の気持ちがわからない自分がダメ」という自己否定まで起こることもあります。

共感の違い

わかる。わかるの共感
意識は相手よりも、
むしろ自分の方にいっている
わかる。わかる

わかりたい。わかりたいの共感
意識は
相手にいっている
わかりたい。わかりたい

　ここで大事なことは、相手の気持ちをきちんと理解しようとする態度を持つこと。「わかる。わかる」ではなく、「わかりたい。わかりたい」という他者理解への態度なのです。

　「わかる。わかる」だけが共感だとしたら、同じような経験をした人、性格が似たような人、気が合う人とだけが、共感できる相手と

して限られてしまいます。つまり、私たちの周りには様々な人がいて、「わかる。わかる」を自然に感じることができるケースばかりではないということです。

それ以外のケースでも私たちにできることがあります。それが、「わかりたい。わかりたい」という態度を持つことです。これは、相手への共感的理解を深めようとする態度です。この態度を持つ習慣ができてくると、おのずと相手への理解を深めるための質問をし、相手の話をきちんと聴こうとするようになります。

人は、自分や自分のしていることに興味関心を持って、話を聴いてくれる相手に心を開こうとします。「わかる。わかる」の共感があるかどうかにかかわらず、個々の違いを越えて、相手が「わかりたい。わかりたい」とこちらのことを一生懸命に理解してくれようとしている姿勢に心が解放されていくのです。

＊この態度を習慣化することは、様々な人たちとコーチングをするプロコーチにとっての生命線のひとつです。

もっといえば、「わかる。わかる」の状態は、話している相手よりも、どちらかというと共感している自分自身に意識がいっている状態です。

相手の本当の気持ちをきちんと理解することなく、こっちが勝手に共感できていると思って、「その気持ちよくわかります」と伝えてしまうような場合、「あなたに私のこの気持ちがわかるわけがない」と言われてしまうことさえあります。こうなると、相手との間に心の橋はかかりません。

一方、「わかりたい。わかりたい」は、自分自身よりも、話している相手へより意識が行っている状態です。言ってみれば、共感的に理解をしようとする態度がより深い状態なのです。これは、本当

の意味での共感力がある状態と言っていいでしょう。

　共感力が高まってくると、相手のことを「わかりたい。わかりたい」という態度を取り、生きてきた環境や文化の違い、人種の違い、男女の違い、年齢の違いなどを越えて、相手との心の橋をかけることができるようになってきます。

　共感力は、ダイバーシティという、これからのビジネスで重要度がさらに増してくるテーマにも必要とされる力となり、共感力の高まりは、EQの高まりへとつながっていくのです。

ポイント

・共感は、「わかる。わかる」だけではなく、「わかりたい。わかりたい」

・重要なのは、相手に共感できている事実よりも、むしろ、相手を理解しようとする態度を持っていること

相手の心が動くとき

■ 相手をコントロールしようとすると

　人は相手に共感しようとすると同時に、相手にも共感してもらいたいと思う気持ちがあります。相手に「あなたの○○なところに共感した」と言ってもらえることは嬉しいことです。そのため、相手からの共感を得るために、自分をアピールしようとしてしまうこともあります。

　しかし、「いかにして相手からの共感を得るか?」という発想で相手に接すると、そこには相手を共感へとコントロールしようとする意図が強く入ります。人間というものは、そういった意図に敏感な生きものです。

　例えば、自分のマネジメント力に自信がなくて、部下に気に入られるための発言や行動をしたりする上司の意図は、部下からは見え見えだったりします。これは、下手に出ているようで、実は相手をコントロールしようとする態度なのです。このように、相手をコントロールしようとする意図は、大抵の場合見透かされます。部下から見れば、その上司が大切にしようと思っているのは自分の立場だけであり、決して部下たちの気持ちではないとわかってしまうわけです。

　同様に、共感を得ようとして動く人の意図も見透かされます。さらには、「そういうことをしようとするあざとい人だ」というような印象を相手に植え付けてしまう場合さえあります(SNS上などで

も、そういったものは微妙に伝わります）。

　ここで大切なことは、「自分自身をコントロールしても、相手を
コントロールしようとしない」ということです。

　多くの場合、人は自分自身もコントロールできないのに、相手を
コントロールしようとしてしまうのです。

　相手からの共感を得るために行動するのではなく、ただ純粋に、
「わかりたい。わかりたい」と相手へ意識を向ける度合いを高め、
相手の中の真実を理解しようとする姿勢を持つことが大切です。そ
うすれば、結果として、自分とは性格も個性も世代も立場も違う相
手との心にも橋をかけていくことができるようになっていくのです。

　とはいえ、相手をコントロールしたいと思う気持ちは誰にでもあ
ります。これは認めざるを得ません。聖人君主のようなパーフェク
トな人間は誰もいないでしょう。だから「ひたすら純粋になれ」と
言っているわけでは決してありません。

　私たちにできることは、相手をコントロールしようとするエゴを
少しずつなくしていくことができるようになるための、毎日の
ちょっとした積み重ねです。だからこそ、「わかりたい。わかりた
い」という気持ちを持って相手と接する瞬間を少しずつでも増やし
ていけるよう習慣付けしていくことが大切なのです。

　先にお伝えしたSTEP 1、STEP 2をしっかり踏んで、自分をコ
ントロールすることができる度合いが高まってくると、あなたの中
に余裕ができ、相手をコントロールしようとする気持ちも少なく
なっていきます（エゴが出るのは、自分のことでいっぱいいっぱい
の状態だからです）。このように、STEP 1、STEP 2をしっかり踏
むことが、共感力を高めるための土台となってくることを覚えてお

いていただければと思います。

■ 本当の傾聴とは

　共感力のない状態は、「他者の感情をしっかりと読み取ろうとする」ということに怠惰になっている状態です。こんな状態が続いた上司時代が、私にもあったことをお伝えしてきました。

　その後、私は、コーチとしての修練を繰り返す中で、「わかりたい。わかりたい」と、相手の心の中にある本当の気持ちを理解しようとする姿勢を習慣化してきました。そして今でもこの徹底度合いを少しずつでも上げるために、日々取り組み続けています。

　私はこれまで、様々な方々にコーチングを行ってきました。中には、20歳以上も年上の方も、20歳以上年下の方もいました。経験も、考え方も、価値観も全く違う方もいます。職業も企業の一般の会社員から、経営者やアントレプレナーの方まで、また、医師や弁護士もいれば、教師もいます。さらには、オリンピック日本代表のアスリートや、俳優やアナウンサーの方々など実に様々です。

　だから、経験も興味の対象も違うすべての方々に「わかる。わかる」の共感状態になれるわけではありません。しかし、目の前の相

手のこと、そしてその人が悩んでいる状況やそれに対する気持ちを、ただひたすら「わかりたい。わかりたい」と接することで、「こんなに人に話を聴いてもらったことや、こんなに自分のことを自己開示できたことは初めてです」と言われるような状態になるのです。

クライアントとしては、「共感を持って話を聴いてもらえたから、心の中にあることを十分に話すことができた」という感覚があるのです（こういう感覚があると、クライアントに様々な気づきが起こっていきます）。そしてこのとき、クライアントの心とこちらの心の間には、安心安全な橋（心理的安全性のある状態）がしっかりとかかっているのです。

企業や組織でリーダーシップ研修をさせていただいているときなどに、参加している管理職の方から、「年の離れた部下とは、話題や感覚が全く違うので、一体どうリードしたらいいかわからなくて困っています」というご相談をよく受けます。そんなとき、この共感的理解を持つことをお伝えしています。

ここを意識する前と後では、例えばこんな違いが生まれてきます。

Before

上司「どんなことに困っているのかな」

部下「正直、この案件の仕事にモチベーションが湧かなくて、どうしたらいいかと思っています」

上司「でも、これは2週間後には仕上げなければいけない仕事だろう」

部下「それはわかっています」

上司「それはプロフェッショナリズムの問題だな（全く最近の若い

　　　　連中は……)」

部下「……(ちゃんと話を聴こうともせず、プロフェッショナリズ
　　　　ムを押し付けられても)」

After

上司「どんなことに困っているのかな」

部下「正直、この案件の仕事にモチベーションが湧かなくて、どう
　　　　したらいいかと思っています」

上司「モチベーションが湧かない……。どういうことかもう少し教
　　　　えてくれる?」

部下「ご存じのように、すでに営業を通じて発注をいただいている
　　　　のですが、この顧客に本当に喜んでもらえるような案になって
　　　　いないのでは?　と感じているのです」

上司「えっ、というのは?」

部下「○○○という理由からそう思うのです。私はまだまだ経験の
　　　　浅い人間なので、この案件を決めてきたベテラン営業であるA
　　　　さんにちゃんと話す勇気がなくて……。情けなくてすいませ
　　　　ん。」

上司「顧客のためにならない可能性があると感じているので、モチ
　　　　ベーションが湧かないのだな。そして、Aさんにちゃんと話す
　　　　勇気がないことを情けないと思っているんだね(まあ俺にも似
　　　　たような気持ちになるときがあるよな……)」

部下「はい」

上司「よく伝えてくれた。顧客とうちの会社にとって、どうしたら
　　　　一番いいかを至急Aさんを交えて話そう。私が段取りをする」

部下「ありがとうございます!」

Beforeのやり取りでは、上司は、部下の「モチベーションが湧かない」という状態が具体的にどういう状態であり、どうしてそうなっているかを確認することなく、「プロフェッショナリズムの欠如」と決めつけて、相手を否定しています。そして、否定しながら、「べき論」を使って相手をコントロールしようとしています。これでは人の心は素直には動きません。その結果、共感的理解は行われず、心と心の橋はかかりませんでした（このままでは、今後も修復が難しそうです）。

　一方、Afterのやり取りでは、部下の「モチベーションが湧かない」という状態について、「わかりたい。わかりたい」という態度で、詳しく聴こうとしました。

　これが本当の傾聴です。

　その結果、それは、部下のプロフェッショナリズムの欠如などではなく、むしろ仕事に対する真摯な態度が要因となっているということがわかりました。そして、経験不足という認識からくる気後れした気持ちを一概に否定することなく、共感を示しながら、部下をサポートしようとしています。このような経緯で、部下の心から上司の心に向けて、信頼の橋がかかったわけです。

　Beforeのケースのように、決めつけ、ジャッジ、レッテル貼りは、人と人との間に共感を生むことを妨げる要因となります。

　これらをする前に「わかりたい。わかりたい」という態度で接することで、橋はかかり始めます。

　自分とは違う考えや感覚を持つ人間同士が相互理解を進め、共感していけるためにコミュニケーションというものがあるのです。やっていくことはシンプルです。相手のことを「わかりたい。わかりたい」という気持ちを持って、人と接することを習慣化していく

のです。

　完璧など求める必要はありません。また、今の時点で、それをやることにどうしても心の抵抗を感じる相手に対しては、無理にやることもおすすめしません。

　まずは素直にできそうな人を数人ピックアップして、少しずつ始めてください。そして、だいぶ慣れてきたら、その次ぐらいにやりやすそうな人にもアプローチしてみることです。それを続けていけば、当初「無理」と感じていた相手にも、やがて「共感的な理解の態度を取ってみよう」と思える自分になっていくでしょう。

ポイント

・決めつけ、ジャッジ、レッテル貼りは、人と人との間に共感を生むことを妨げる要因となる
・「わかりたい。わかりたい」という態度で聴こうとするのが本当の傾聴

なぜ秀吉は天下統一を果たすことができたのか？

　孔子に対して、その弟子のひとりが「人間にとって最も大事なもの、肝心なものは何ですか？」という質問をしたことがありました。「思いやり」というのが、孔子の答えでした。

　思いやりは、相手の立場になって、「相手ならどう考えるか」、そして「どう感じるか」にしっかりと意識が行き、共感ベースで相手と共にいることができることで生まれます。さらには、相手が自分のことをどう捉えているかを把握したうえで、相手の気持ちの機微を感じながら、適切な行動をしていくことでもあります。

　つまり、「思いやりのある人」というのは、EQの高い人ということでもあるのです。孔子がこの思いやりということを「最も大事なもの」として挙げていることに、EQの重要度への確信が深まります。

「麒麟が来る」というNHK大河ドラマは、明智光秀についてのストーリーでした。明智光秀は、本能寺の変でその主君である織田信長を亡き者とした人物。光秀は、当時の戦国大名の中でもトップクラスの教養を備え、かつ稀にみる切れ者として有名でした。おそらくかなりのIQの高さを持っていたのだと思われます。

　切れ者であるがゆえに、信長の考えが読めたのでしょう。信長の徹底した合理主義を理解していて、用があるうちは重宝されるが、用がなくなれば、すぐに切り捨てられるということを感じていました。光秀側がそのように警戒していると、信長の方も疑心暗鬼になります。さらには、恐ろしいほどの切れ者であることが、信長としても「やがて自分にとっての脅威となりかねない」という警戒につ

ながっていきます。実際に、信長からは段々と冷たい態度を取られるようになり、領地まで巻き上げられてしまうという目にも遭いました。

IQの高い光秀は、相手の考えを人一倍読むことができても、相手の心の内にあるものを感じることは意外と苦手で、人との間の感情の機微というものには、少し疎かったのかもしれません。そして、最後には、本能寺での悲劇に至ったというのが、大河ドラマなどでも描かれていました。

殺された信長の方も、当時の大名には考えもつかなかったような完全実力主義をもって、人の功利的な思考を刺激することに長けていた反面、人の情の機微を感じ取りながら、配下の者たちとの関係性を築いていくことができなかったのでしょう。それが、天下統一の夢を果たせずに、本能寺での無念の最後を迎えることになった要因かもしれません。

一方、信長のもうひとりの家臣であった豊臣秀吉は、人の心の動きを読み取ることに長けていて、相手の喜ぶこと、嫌がること、恐れることなどを深く理解する男だったと言われています。おそらく、秀吉は、相手への思いやりがあり、人の心に共感することができるEQの高さを持っていたのでしょう。

当時の武将たちは、言ってみれば、今で言うところの2世議員や3世議員。織田信長も徳川家康も、そして武田信玄も上杉謙信も、その地方を仕切る権力者たちの子息でした。そんな中、尾張の百姓の子という、全く何もないところからスタートし、やがては天下統一を果たすという、戦国の歴史上誰も達成したことがないようなことができてしまった背景には、秀吉の高いEQがあったのではないかと思います。

コラム

関係性を高める
(STEP4)

chapter 6
Enhancing Relationships

関係性を高める話の聴き方

■ アピールはいらない

　EQの高い人は様々な状況の中でも、相手との関係性を高めることに長けています。

　一方、人は相手との関係性を高めたいと思い、ついこちら側を大きく見せたり、力のある存在であることをアピールしようとしたりすることがあります。

　しかし、そのようなことをいくらやってみても、本当の関係性や信頼は築けません。場合によっては、そのようなアピールを快く思わない人もいます。

　また、「コミュニケーションがうまくなるためには、話すことがうまくなければいけない」という思い込みを持っている人がいます。ビジネススキルとしても、話すことがうまい方が、確かにアドバンテージはあります。

　しかし、話がうまくなければコミュニケーションがうまく取れないとか、相手との関係性を高めることができないとかいうことは決してありません。

　例えば、自動車の販売とか、保険の販売とか、セールスの仕事を見ても、トップセールスパーソンに、話が流暢な方が多いのは事実です。一方、上位２％以内の、いわゆる"トップオブトップ"のセールスパーソンの方々にお会いすると、むしろ意外なほど物静かな方が多く、中には訥弁気味の方さえも結構な確率でいることに気づきます。

このような方々は、顧客とのコミュニケーションの中で、流れるように話すのではなく、顧客が話しやすい環境を整えることに専念しています。だから、顧客は心地良く話をすることができ、それが関係性や信頼感につながっていくのです。

　前章では、相手の感情の本当のところを、「わかりたい。わかりたい」という態度を持って、共感的に理解をしようとすることの重要さについてお伝えしました。

　この「わかりたい。わかりたい」という態度は、相手との関係性を高めるために最も大切な態度です。

　逆に言えば、私たちは多くのケースで、相手の言っていることをわかったような気になって、こちら側のことばかりを話しているのです。相手の感情だけでなく、相手の考えていること、相手が置かれている状況などを「わかりたい。わかりたい」と、共感的な理解を持って把握しようとすることで、相手との関係性は確実に高まっていきます。

　どういうことかを例に沿って説明します。

　XさんとYさんは、お互いの協力関係が大切な、部署をまたいだプロジェクトを進めています。そんな中、トラブルやスケジュールの遅れなどもあり、しっかりした話し合いが必要でした。

Before

X：「Yさんのチームの方の工程が遅れているようですが、何とかなりませんか？ こちらの次の工程が進められないのです」

Y：「こちらもみな一生懸命に対応しているのですが、各取引会社

との調整に苦労しているのです」

X：「それはよくある話なのでわかりますが、実際こちらも手をこ
　　まねいているわけにはいかないんですよ」

Y：「イライラする気持ちは理解しますが、我々も困っているので
　　す」

X：「いやいや、本当に困っているのはこちらだということを理解
　　していただかなければ。その取引業者にガツンと言ってやって
　　くださいよ。それもYさんの仕事ですよね」

Y：「……」

　このようなコミュニケーションで、果たしてことが上手く進む感
じがするでしょうか？
　相手のことを「わかりますが」と言いながら、実際は何もわから
ないまま、焦りの感情やイラつきの感情の奴隷になって、お互いの
事情を相手に押し付けているだけの会話になってしまっています。
　この感じでは、EQの高い者同士の会話とは言い難いでしょう。
　このようなやり取りが続けば、うまくいくどころか、人間関係が
危うくなり、プロジェクト自体に暗雲が漂ってくることになります。

　今度は、Xさんが「わかりたい。わかりたい」の度合いを上げた
場合のコミュニケーションです。

After

X：「Yさんのチームの方の工程が遅れているようですが、何とかなりませんか？ こちらの次の工程が進められないのです」

Y：「こちらもみな一生懸命に対応しているのですが、各取引会社との調整に苦労しているのです」

X：「各取引会社との調整の問題なのですね。もっと詳しく教えてもらっていいですか？」

Y：「はい。こちらが求める基準に達していないものを納品してくる取引会社が数社あって、その調整に手間取っているのです」

X：「それはフラストレーションになりますね。具体的にどう対応されているのですか？」

Y：「やり取りしてスピーディに改良してきてくれるところはいいのですが、こちらの要求が厳し過ぎると言ってくるところとのやり取りが大変なのです」

X：「なぜ厳し過ぎると感じているんでしょうね？」

Y：「今聞かれて気づいたのですが、納品するもののレベルが、次の工程やその次の工程で、その基準を満たしている必要があるということへの理解と納得感が足りないのかも知れません。通常のレベルから、今回私たちが要求しているレベルまで上げるには、先方の社内でもかなり大変なのでしょう」

X：「どうしたら良さそうですか？」

Y：「Xさんのチームの工程はある程度理解しているのですが、その次の工程について、私の理解が足りないので、そこをちゃんと説明する必要がありますね」

X：「ウェブ会議を開いてくれたら、私が一緒にその取引会社の方にご説明しますよ」

Y：「それはありがたい。私自身と私のチームメンバーの理解にもつながります。お願いできますか？」

X：「もちろんです。それはお互いのチームのためでもあり、そのベンダーさんのためでもありますから」

ポイント

話すことに長けていなくても、相手が話しやすい環境を整えることで、関係性を高めることができる

■ コミュニケーションの本当の目的に立ち返る

　感情の奴隷にならず、「わかりたい。わかりたい」の度合いを少し上げてみることによって、XさんとYさんのコミュニケーションは、EQレベルの高いものへと変わりました。

　その内容の違いを見ていきましょう。

X：「Yさんのチームの方の工程が遅れているようですが、何とかなりませんか？ こちらの次の工程が進められないのです」

Y：「こちらもみな一生懸命に対応しているのですが、各取引会社との調整に苦労しているのです」

ここまでは同じです。

違うのは、この後のXさんのコミュニケーション

Beforeでは、「それはよくある話なのでわかりますが、実際こちらも手をこまねいているわけにはいかないんですよ」と言っていますが、これは「わかりますが」と形式的にわかった気になっているだけで、自分の事情ばかりを言っています。

一方、Afterでは、「各取引会社との調整の問題なのですね。もっと詳しく教えてもらっていいですか？」と、わかったような気にならず、「詳しく教えて」と言っています。そしてそこから、「こちらの要求が厳し過ぎると言ってくる取引会社とのやり取りが大変」という情報を得ることができました。ここが解決すれば、XさんもYさんもハッピーなわけです。

さらには、Beforeのパターンにある、「その取引業者にガツンと言ってやってくださいよ」というような乱暴な要求をYさんにするのではなく、「具体的にどう対応されているのですか？」や「なぜ厳し過ぎると感じているんでしょうね？」と言った「わかりたい。わかりたい」という態度からの質問を繰り返したわけです。

そして、このことによって、「今聞かれて気づいたのですが」というような、Yさんの新たな気づきが生み出されていきました。

＊ちなみに、このとき、質問のトーンが、相手を責めるようなトーンではないことも重要です。

やがて、このような繰り返しから、「納品するもののレベルが、次の工程やその次の工程で、その基準を満たしている必要があるということへの理解や納得感」という課題解決のキーとなるヒントを得たのです。この解決をお互い協力しながら行うことで、お互いの関係性はより深いものとなり、プロジェクト立て直しのきっかけとなっていくわけです。

　今回のコミュニケーションの目的は、部をまたいだ共同プロジェクトにおいて、Yさん側の工程とXさん側の工程のつなぎをスムーズにすることでした。このつなぎがスムーズでないことが、共同プロジェクトにおける人間関係をおかしなものにしてしまう危険までもはらんでいたわけです。

　「コミュニケーションの本当の目的やゴールは何か？」ということに意識を集中して、自分の感情をコントロールしながら、最適なコミュニケーションを取る。EQの高い振る舞いが、仕事を成功に導くということが、このようなちょっとした例からでも明確にわかるのではないでしょうか？

　EQの高い人は、感情に振り回されることなく、常にコミュニケーションの本当の目的やゴールに立ち返ることができるのです。

　至ってシンプルに言えば、EQが高い人とは、上手に話ができる人ではなく、人の話をちゃんと聴ける人であり、また、そんな人がコミュニケーションの達人です。

　そして、「人の話をちゃんと聴く」ということの基本がわかった気にならず、「わかりたい。わかりたい」という共感的な理解の態度を持ち続けることなのです。

　この態度を持ち続けることによって、相手との関係性は確実に高

まっていきます。その上で、然るべき傾聴スキルが習熟していくと、コミュニケーション力はさらに飛躍していくのです。

ポイント

・EQが高い人とは、上手に話ができる人ではなく、人の話をちゃんと聴ける人
・EQの高い人は、感情に振り回されることなく、常に目的やゴールに立ち返ることができる

本音でポジティブになる習慣

■■「建前でポジティブ」になっていないか?

　人間関係において、人は様々なモードになります。まずは、本音で接するのか、建前で接するのか。そして、ポジティブに接する(積極的な働きかけをする)のか、それともネガティブに接する(消極的な働きかけをする)のか。これらの分け方をすると、図のように4つのモードになります。

　一番望ましいのは、本音でポジティブなモードです。自分も相手も尊重しながらこのモードに入ると、いわゆるアサーティブな状態になります。

　アサーティブとは、相手の気持ちを尊重しつつ、自分の意見や要望を率直に主張できる状態のこと。自分の独りよがりなエゴを押し通そうとする態度ではなく、自分と相手の双方のため、あるいは双方の共通の目的のため、という視点を持って、率直で前向きな主張をすることです。

　人との関係においては、このモードに入る割合を増やしていきたいわけです。そして、この割合が増えれば増えるほど、あなたのEQは高まっていきます。

　例えば、上司から仕事の進め方の指示があり、その進め方に何らかの理由で気乗りがしない状態だとします。そして、自分には別の進め方のほうが成果が上がる可能性があると感じています。そんなとき、各モード別にこんな応え方になります。

本音でポジティブ

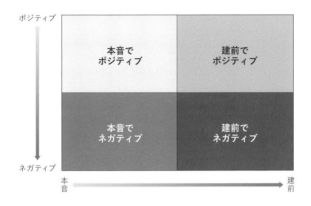

本音でポジティブ

「ご指示をいただいたAという仕事の進め方は、自分にはうまくできないと感じています。できればBのやり方で進めさせていただけませんか?」

建前でポジティブ

「ご指示をいただいたAという仕事の進め方で、何とかがんばります」

本音でネガティブ

「ご指示をいただいたAという仕事の進め方は、自分にはうまくできないと感じています。ちょっとキツいですね。この進め方」

建前でネガティブ

「ご指示をいただいたAという仕事の進め方で、とりあえずはやっ

てみます」

　本音でポジティブでは、「うまくできないと思う」という本音を
伝え、「できればBのやり方で進めさせていただけませんか？」とこ
ちらの要求もしっかりと伝えています。
　建前でポジティブでは、本音を抑えながらポジティブに応えると
いう感じで、自分の気持ちに正直になっていない状態です。
　本音でネガティブでは、本音はきちんと伝えるものの、ネガティ
ブな印象を残す言葉で締めくくっています。
　建前でネガティブは、本音も伝えず、やる気の薄い言葉を放って
しまっています。
　あなたが上司の立場だったら、これらを聞いて、どう感じるで
しょうか？
　建前でポジティブなモードの人は、とりあえず動いてくれるので、
マネジメント側としては一見楽に感じます。一方、本音でポジティ
ブな人は、上司としてちょっとやり取りが大変な場合もありますが、
実はこちらの方が、仕事の成果をより上げてくれる可能性が高いで
しょう。実際のところ、本音でポジティブな人に対しての方が、頼
もしさを感じたり、仕事を信頼して任せることができると感じるの
ではないかと思います。

　日本の社会は建前社会と言われています。日本の企業と外資系企
業の両方で働いた経験のある人間として、その違いはハッキリと実
感できるところです（外資系企業においても、建前のコミュニケー
ションはもちろんあります）。
　実際、会社や組織においてのコミュニケーションを見渡してみる
と、この建前でポジティブのモードになってしまう人がかなり多い

のではないでしょうか。このモードでは、自分の望んでいることとは裏腹な行動をせざるを得ず、「自分を抑えてがんばる」という状態になります。こういったモードに入ることが習慣化していると、やがては、何かと忖度したり、同調圧力に負けて、したくもないことをし続けたりする結果となりかねません。

　これはChapter 2でお話しした、ネガティブな感情を押さえ込むことと同様で、気がつかないうちに大きなストレスを抱え込んでしまうことになる可能性があります。また、本音で人と向き合うことができる時間が少なくなってくると、そんな自分を受け容れることが困難になり、やがて「自分らしく生きていない」という感覚にもなってきます。

　本音を言うことで、相手から「立場を弁えないやつ」とか「図々しいやつ」、「生意気なやつ」と思われるという、「どう思われるか？」の恐れが、つい建前でコミュニケーションをしてしまう要因のひとつです。

　実際は、相手が体裁を取り繕うのをやめたときほど、私たちはその人の言葉を信じやすくなり、連帯感が増し、相手をおもんぱかる気持ちも出てきます。

　体裁を取り繕うのをやめて本音で付き合うことが、うわべだけでなく、本当の信頼関係を築くことために肝心なことです。

　これが、EQが高い人が築き上げる人間関係で、高い成果を残すための大切な要素なのです。

　また、自分のやり方を主張すると、そこに自己責任が発生するので、それを避けるために、上司のやり方に従ってしまうというケースもあります。上司のやり方に従えば、うまくいかなかったときには上司のせいにすればいいのですから、これは楽です。しかし、こ

ういった選択を取り続ける先には、自主自律性やリーダーシップを養うことができず、主体的な働き方や生き方から遠ざかる結果が待っているだけです。

一方、「理屈はわかるけど、実際、いろいろなしがらみの中で、本音でポジティブにはなかなかなれないよ」とおっしゃる方もいると思います。

そこで、本音でポジティブな方向に自分を持っていけるやり方をご紹介していきます。

> **ポイント**
>
> ・「本音でポジティブ」とは、自分の独りよがりなエゴを押し通そうとする態度ではなく、自分と相手の双方のためという視点を持って、率直で前向きな主張をすること
> ・体裁を取り繕うのをやめて本音で付き合うことが、うわべだけでなく、本当の信頼関係を築く

■ 事実と評価を切り離す

人間関係においては、まず相手との間に起こっている事実をしっかりと捉えることが肝心です。人間関係がうまくいかない人は、思い込みに囚われて、事実を歪めて捉えていたり、感情に支配されて、勝手な解釈してしまっていたりします。そこには、相手を評価することに伴う非難、批判、比較、分析、レッテル貼りなどがあります。価値観を大切にすることは重要ですが、自分の価値観を、相手を裁くことに使ったり、一方的な正義を振りかざしたりすると、相手へ

の非難や批判が始まってしまいます。

　評価をせずに事実を捉えることができる度合いは、その人の知性を表します。知性とは、事実と評価を切り離すことができる力でもあります。逆に言うと、非難や批判、レッテル貼りをするくせを持っていることは、知性の低さを物語っているのです。

「ファクトをしっかりと捉える」というのは、ビジネスにおいても大事なことで、事実と評価をごちゃ混ぜにしてしまう人は、適切な判断を下すことができないので、仕事がうまくいく確率が低いことも想像がつくでしょう。

　このように、事実と評価を切り離す習慣をつけることで、EQは格段に向上するのです。

　切り離しといえば、STEP 1 にある「自分の感情を評価せず見る」という切り離しの感覚は、感情の見える化を通じて培うことができます。これができるようになってくると、他者認識においても、相手に起こっている事実とこちら側の評価をうまく切り離すことができるようになっていきます。ここ、本当に大事です。

　では、「評価をせずに事実を捉える」というのは、具体的にどういうことなのでしょうか？

　ある人が、こちらに対して怒っています。そして、こちら側は、その怒っている相手に以下のようなことを思っているとします。この相手は、怒りの感情を露わにすることが多い人です。

❶ また怒っている。あの人は雰囲気を悪くする
❷ また怒っている。あの人はよく怒っている
❸ また怒っている。あの人はこちらのいいところを見てくれ
　ない

❹ また怒っている。あの人はいつも自分の思うようにしたい
　人

　さて、事実と評価を切り離すことができているのはどれでしょう
か？　そう、❷だけですね。

　❶では「雰囲気を悪くする」、❸では「いいところを見てくれな
い」、❹では「いつも自分の思うようにしたい人」というこちら側の
主観的な評価が混じっています。それに対し、事実は「よく怒って
いる」ということだけです。

　ここで、あなたが怒っている側だとして、以下のことを相手が
言ってきたとしましょう。

❶「あなたはまた怒っている。あなたは雰囲気を悪くする」
❷「あなたはまた怒っている。あなたはよく怒っている」
❸「あなたはまた怒っている。あなたはこちらのいいところを
　見てくれない」
❹「あなたはまた怒っている。あなたはいつも自分の思うよう
　にしたい人」

　素直に受け取れるのはどれでしょうか？　相手が事実と批判的な
評価を混ぜてくると、素直に受け取れず、こちら側もつい事実に批
判を混ぜて返したくなります。そして、事が面倒になっていくの
です。

　相手の言葉や、やっていることに自動反応すると、つい批判的な
評価が事実と混ざってしまいます。自動反応せず、評価と事実の切

り離しが進むと、冷静になることができ次のステップに進んでいけます。

　また、会議の場などで揉めているとき、この点を観察してみるのもよい練習になります。誰かが事実と評価を混ぜた発言をし、それに対して相手も事実と評価を混ぜた発言を返すことで、場が荒れ始めます。観察の習慣がついたら、事実と評価を切り離した発言を心がけてみることです。展開が変わり、会議に貢献していることが実感できるでしょう。

ポイント

・知性とは、事実と評価を切り離すことができる力
・事実と相手への評価を切り離すと、冷静になることができる

■ 自分の感情を把握する

　次に大事なことは、自分の感情をきちんと理解することです。
　ここでも「切り離し」が肝心です。
　切り離すのは、あなたが思っていること（思考、評価、批判など）と感じていること（感情）です。

　先に挙げた、上司から仕事のやり方の指示があったケースを例に取りましょう。
　そのやり方に何らかの理由で気乗りがしない状態で、自分には別のやり方のほうが成果が上がる可能性があると感じているとします。
　自分の感情をきちんと表現しているのはどれでしょうか？

❶ ここできちんと自分の意見を言えないようでは、ダメだと思う

❷ 自分のやり方を押し付けてくる上司は強引だと感じる

❸ 上司から提示されたのが、自分に合ったやり方でないことに焦っている

❶は自分に対して思っていることです。感情を表現してはおらず、「ダメ」という言葉で、自分に対する評価をしています。

❷も「感じている」と言っていますが、実は感情表現ではなく、「強引だ」という上司に対しての批判を言っています。

❸は「焦っている」ということがこの人の感情です。これが正解です。

この焦りの感情の奥には「このやり方をやってうまくいかなかったらどうしよう」という恐れの感情があります。自分に対しての評価や相手に対しての批判ではなく、「焦っている」というのが、今自分が持っている感情であることが明確にわかると、少し客観的になっていきます。

感情をちゃんと把握することについての理解を深めるために、先程の「怒っている人」の例で練習してみましょう。

相手はよく怒っています。今、目の前でも怒っています。"こちら側の感情を把握した表現"はどれでしょう？

❶ こういう人がいると、場の雰囲気が悪くなる

❷ 怒りの矛先がいつこちらに向くかと思うと、怖い

❸ こんな雰囲気のチームは、いかがなものかと思う

❹ こういう人は怒ることで、人をコントロールしようとしてい
　　ると感じる

　段々と要領が掴めてきたかと思います。答えは❷です。
　❶は「場の雰囲気を悪くする人」と相手を評価しています。
　❷は感情を表現しています。さらにどんな怖さを感じているのか
をみていくと、自分の感情がより鮮明にわかります。
　❸は「チームはこうあって欲しい」というこちら側の価値観から
くる思いです。
　❹もこれまた「感じている」と言っていますが、内容は思ってい
ることで、「人をコントロールしようとしている」という相手への
評価・判断が入っています。
　まず相手を観察したら、そこから来るこちらの相手への評価（非
難や批判を含んだ）をいったんヨコに置いておいて、自分自身の本
当の感情に注目します。ここでは、相手を評価することに終始しな
いことです。

> **ポイント**
>
> 思考、評価、批判などを、思っていることと切り離すことに
> よって、本当の感情が見えてくる

あなたが必要としていること は何か

■■ 体裁を繕うことの代償

　感情は心のシグナルです。感情はあなたの心の中にあるものを教えてくれます。

　上司からの仕事の進め方の指示があったケースに戻ると、「上司から提示されたのが、自分に合ったやり方でないことに焦りがある」という感情が把握できました。

　この感情はどんなシグナルなのか？

　何を求めているシグナルなのか？

　ここを捉えることが次のステップです。

「その感情が教えてくれるものが何か？」「何が必要で、その感情が出てきているのか？」ということに意識を向けるのです。

　このときの焦りは、上司から指示された仕事の進め方では、自分はうまくできないという恐れから来る焦りです。この感情が教えてくれる、自分が必要としていることは、「自分に合ったやり方で、安心しながら仕事を進められること」です。

　ですから、これを「ご指示をいただいたAという仕事の進め方は、自分にはうまくできないと感じています。できればBのやり方で進めさせていただけませんか？」と、必要としていることを本音でポジティブに相手に要求すればいいのです。

　このとき、相手を評価することに終始していると、「ご指示をい

ただいたＡという仕事の進め方は、自分にはうまくできないと感じています。ちょっとキツいですね。この進め方」という本音でネガティブな表現になってしまう可能性もあるわけです。また、心のシグナルを無視し、あなたの心の中にある、必要としているものを抑えつけると、「ご指示をいただいたＡという仕事の進め方で、何とかがんばります」と、建前の表現になってしまうわけです。

　自分の必要としていることを否定してまで相手の願いを叶えようとすること、これをやり続けると、あなたのEQは一向に上がっていくことはありません。しかも、自分の心の要求を抑え付け続けた結果としてのストレスの蓄積による弊害が起こってしまうことも覚悟してください。

　そして、ランチの時間や飲み会の席などで、蓄積した上司への批判や非難を他人にぶちまけるというようなことまで習慣になってしまったら、EQ的には完全に負けパターンにハマってしまっています。

　こんな要求をしたら申し訳ないとか、こう思われるとか、体裁を保ちながらその場を取り繕おうとするのは、あなた自身をないがしろにする行為です。そういう行為を取り続ける代償は、良い人間関係をつくれないことだけでなく、あなた自身との信頼関係を構築することができないという大きな代償なのです。

　そして、この場合の事実は、「ご指示をいただいたＡという仕事の進め方で、何とかがんばります」と答えるよりも、「ご指示をいただいたＡという仕事の進め方は、自分にはうまくできないと感じています。できればＢのやり方で進めさせていただけませんか？」と答えた方が、上司側からしてもあなたに頼もしさを感じたり、信頼して仕事を任せることができるという印象になったりするということです。

なぜなら、本音でポジティブな態度は、「自分の体裁を守れるか？」というような恐れを越える勇気を持って、上司（相手）との共通目的である、仕事の成果や仕事の達成に対して、より真摯に向き合う態度だからです。

　昨今、企業のコンサルティングにおいて、「心理的安全性」のある組織をつくるためのお手伝いをすることが多くなってきました。心理的安全性とは、職場で誰に何を言っても、どのような指摘をしても、拒絶されることがなく、罰せられる心配もない心の状態のことです。

　これは何でも好き勝手な発言をしてもいいということではなく、お互いを理解し、お互いを尊重し合ったうえで、お互いの共通目的のために忌憚のない意見を交わし合うことができる自主自律性の高い状態のことです。

　心理的安全性の高い職場環境においては、非常に高い生産性と創造性が生み出されることがわかっています。

　上司と部下との関係性やチームメンバー同士の関係性において、お互いが本音でポジティブでいることができるのは、この心理的安全性の高い状態です。

　そういった意味で、組織やチームのEQの総体を高めていくことは、心理的安全性のある環境をつくるために欠かせない土台となるのです。

　自分がどれだけ本音でポジティブになれているかということにちょっとドキッとした人は、この機にここでご紹介したやり方を使って、よりよい方向に舵を切っていっていただければと思います。

＊このやり方は、マーシャル・B・ローゼンバーグのNVC(Non-violent Communication)というコミュニケーション／ファシリテーション方法の応用です。ローゼンバーグは、NVCを使い、世界における数々の紛争や差別の調停に尽力した人物です。ローゼンバーグの考え方は、来談者中心療法（Client-Centered Therapy）の生みの親であるカール・ロジャースの流れを組んでいます。来談者中心療法は、私のコーチングの中核的な手法のひとつであることから、その流れを組んだこの手法を実践してきて、その大きな効果を実感しています。

ポイント

・必要としていることを、本音でポジティブに相手に要求することで信頼関係を構築できる
・体裁を保ちながらその場を取り繕おうとするのは、あなた自身をないがしろにする行為

■ 夫婦の危機の乗り越え方

　他者とのコミュニケーションがうまくいっていない具体的な例を使って、さらにこのコミュニケーション方法の理解を深めていきましょう。

　Wさんと旦那さんは共働きの夫婦。一緒に暮らすうえで、お互い相手への不満が少なからずあります。Wさんにとっては、その中でも、旦那さんが靴下を脱ぎ散らかすことが大きな不満のひとつでした。旦那さんは仕事から帰ってくると、すぐにリビングで座り込み、そこに靴下を脱ぎ散らかします。Wさんが何度注意しても同じ状態が続いていました。些細なことですが、Wさんにとっては大きな不満と怒りの種となっていました。

　何度注意しても一向にらちが明かず、不満ばかりが募ってしまうので、次の方法を実践してもらいました。

1. 事実と評価を切り離す

× 靴下を脱ぎっぱなしにするなんて、本当にだらしのない人。
　何回言っても同じことをする学習しない人

気持ちはわかりますが、ここには旦那さんに対しての評価と批判が入っていて、事実だけを見ていません。評価と批判が入り混じると、ネガティブな感情が出やすくなります。

○ 帰宅後すぐにリビングで靴下を脱いで、脱いだままにする。
　何回注意しても同じことを繰り返している

事実は毎日このことが繰り返されているということです。

2. 自分の感情を把握する

× 大人にもなって、これではダメだと思う。何回言っても同じ
　ことをするなんて、いい加減にして欲しい

ここにも相手に対する評価と批判が入っており、Wさん自身の感情が正確に掴めていません。

○ 何回言っても同じことをするので、私のことをないがしろに
　されている気がして悲しい

Wさんが本当にイヤなのは、靴下を脱ぎっぱなしにする行為自体よりも、Wさんが言っていることがいつも無視され、ないがしろにされ続けていると感じていることでした。それが、旦那さんのWさんへの態度と扱いを象徴していると感じ、悲しみの感情が出ているのです。

　怒りは第2次感情と言われます。このケースでは、Wさんの第1次感情は悲しみ。そこから、怒りという感情が2次的に派生しているのです。

これが毎日続くという事実は、実はかなり恐ろしいことで、こんな些細なことの繰り返しが、夫婦間の決定的な亀裂を生むことさえあるのです。

怒りという第2次感情を相手にぶつけるのではなく、「悲しい」という第1次感情を冷静に伝えることで、Wさんに起こっていることへの旦那さんの理解が、共感とともに進むのです。

3. 必要としていること

Wさんが本当に必要としていることは、

Wさんの気持ちを理解してもらい、気持ちをないがしろにしないで欲しい

ということです。

4. 本音でポジティブに要求する

× こうやって、毎日毎日靴下を脱ぎっぱなしにするなんて、だらしのない人のすることよ。大人にもなってこれではダメだと思う。いい加減にして

○ 靴下を脱いだら、洗濯機に入れてください。お願いです。このお願いをやってくれないと、私はあなたに無視され、ないがしろにされ続けているような悲しい気持ちになります。だから、あなたがやってくれたら、とても嬉しい

それまでWさんは、×のパターンの要求を繰り返していました。○のパターンで伝えるようになった結果、旦那さんはWさんが本当に求めていることを理解し、脱いだ後きちんと洗濯機の中に入れてくれるようになったそうです。

旦那さんにとって、リビングで靴下を脱ぐ行為は、オンからオフへの切り替え、疲れて帰ってきた自分を開放する重要な儀式でした。そして、「1日しっかりと頑張ってきたので、ここにおいてまでキチキチしたくない。あれこれ言われたくない」というのが、脱いだ靴下をすぐ洗濯機に入れられない理由でした。それまでは、1日頑張ってきたのに、そんな些細なことをいちいち言われるのがイヤだったそうですが、Wさんから本当の気持ちを聞いてからは、その気持ちを大事にするために、すぐにきちんとやってくれるようになったそうです。

　これは決して小さなことではなく、夫婦関係の根本が整う大事なコミュニケーションとなりました。このような流れで、関係性が整うということは、上司部下の確執や、部署間での揉め事など、仕事においての課題の解決でも同じです。Wさんは、このやり方を仕事でも大いに活用して、周りとのいい関係をしっかりと構築するようになりました。

　人によっては、「大人は感情をおいそれとは言葉にしないものだ」という観念をお持ちの方もいるでしょう。
　ここで大事なことは、適切なやり方を取れば、あなたの本音の感情をきちんと表現した方が、むしろ関係性を高めることができるということです。
　このやり方を習慣化することで、あなたの感情の知能指数は、しっかりと向上の方向性を示します。

　お伝えしたように、これは会社の中での関係性においても同じです。企業研修において、仕事の場の設定でこのようなワークをやると、「上司は感情を表現してはいけないものだと思っていました。

ワークで上司役、部下役の両方を体験して、然るべき感情はきちんと伝えた方がいいと強く実感したのは驚きです」というような声を聞きます。

　上司は上司としての役割を認識して部下と接する必要がありますが、基本は人と人との付き合いです。組織での上下関係は、その狭い世界だけのローカルルールに過ぎません。上司も人間であり、部下も人間。お互いが然るべき感情をきちんと表現したり、ときには弱みを見せたりすることで、人と人の関係性は深まっていくのです。

> **ポイント**
>
> 適切なやり方を取れば、あなたの本音の感情をきちんと表現した方が、むしろ関係性を深めることができる

賞賛を受け取って もらえるか?

chapter 6 でご紹介しているコミュニケーションでは、相手との関係性を修復したり、高めたりするときに「事実と評価を切り離す」ことの重要性をお伝えしてきました。一方、私たちは、人を賞賛する場合にも、評価というものを使っていたりします。

「このレベルの業績を残したなんて、すごいね」

こんな賞賛にも「すごい」という相手への評価が入ります。

人は褒められれば嬉しいものです。ただ、評価が入る賞賛というものは、相手自身がその業績に満足していなかったり、大したことだと思っていなかったりする場合は、きちんと受け取ってもらえない場合があります。

スポーツの大会で、是が非でも優勝したかったのに、決勝で敗れてしまった選手に、

「この大会で準優勝なんてすごいですね」

と賞賛の言葉を贈っても、本人は、

「気休めはよしてくれ」

ぐらいに捉えられることさえあるのです。

また、評価というのは、本人が意図しなくても、相手が上からの目線を感じることがあります。例えば、社長の豊富な業界知識と情報力に感化された社員が、

「社長もちゃんと勉強されていますね」

と言った場合、

「当たり前だろ、お前！」

　と、逆に立腹させてしまう場合もあります。部下としては上から目線で言っているつもりはなくても、社長の方は「お前にそんな偉そうな言われ方をしたくない」と思われてしまうかもしれないのです。

　一方、こちら側が感じたこと、影響を受けたことを相手に伝える場合はどう変わってくるでしょうか。

　準優勝した選手には、
「決勝で劣勢になっても決して諦めない姿勢に感動しました」

　豊富な業界知識と情報力を持つ社長には、
「社長のお話を伺って、自分も日々しっかりと研鑽したいと思いました」

　という感じです。

　あなたがこれらの言葉を受ける立場としたら、何を感じるでしょうか？

　素直にそれらの言葉を受け取ることができ、喜びも感じることができるのではないかと思います。これは、自分が相手にポジティブな影響を与えているという事実を通して、自分や自分のやったことに価値を感じられるからです。

　評価を交えず、こちらの気持ちを伝えることは、相手を賞賛したい場合にも非常に有効に働くのです。

コラム

**HOW TO IMPROVE
EMOTIONAL INTELLIGENCE QUOTIENT**

あなたの中に
変化を起こすには

chapter 7
How to change yourself

違和感を歓迎する

　ここまでこの本を読んできて、今あなたにどんな気持ちや意識があるでしょうか？

　EQを高めるための行動を早速始めたいと思っている方もいれば、「大切なことはわかった。でもこれまでやっていないことを行動化、習慣化をすることはできるかどうかは、ちょっとわからない」という方もいるかもしれません。

　ここでお伝えしたいのは、この本は、ただ単に知識を増やしていただくためだけの本ではないということです。これからあなたが、この本に書かれている小さなことから実践し、それらのノウハウを「知っている」から「実際にやり始めている」に、さらには「普段からやっている」という状態にレベルアップしていただくことを願いながら書いています。

　私は学術の研究者ではありません。目の前の人の変化を現実化することのプロであり、そのことの探究者です。そして、理論や論説を唱えるだけでなく、数十分のコーチング、数時間の講演や企業研修で、クライアントや参加者のみなさんに意識変容（マインドセット変容）や行動変容を起こすことが求められる真剣勝負を、日々繰り返している人間です。

　この本は学術的なことやエビデンスばかりで埋め尽くされてはい

ませんが、私が日々現場で体験しているクライアントのリアルな変化を基に、実際に効果が高いと実感している方法だけを、いくつものアプローチの中から厳選して書いています。

最後のこのChapter 7 では、あなたがあなた自身に望む変化、つまり、あなたに必要なトランスフォーメーションを実際に起こすために役立つことを書いていきたいと思います。

ひと言に変化と言っても、決して簡単なことではないことはよくおわかりだと思います。変化をするには、日々の思考や行動を変え、それらを習慣化していく必要があります。一方、早起きの習慣やカロリー制限の習慣、運動の習慣など、こんなちょっとしたことが人間はなかなか続けられません。

続けられなければ、変化はしないのです。だからこそ、続けられる人間と続けられない人間の間にはやがて大きな差が生まれていくのです。

ここまでお伝えしてきたEQの高め方では、自分を客観的に見る習慣や事実と評価を切り離す習慣、本当に要求したいことを伝える習慣など、実際の変化につながる習慣をお伝えしてきました。今までこのような習慣を持っていなかった人にとっては、これらは大きな伸びしろとなるでしょう。

一方、伸びしろのある方は、今までの人生の中で、そうではないやり方に時間を投資し続けてきたことも事実です。

習慣を変えるということは、自分への時間の投資の仕方を変えるということです。

ここで実際に時間の投資の仕方を変えられるかどうかが、これからの人生を決めます。変えることに意識と行動を向けなければ、こ

の本は「読んで終わり」になり、あなたの時間の投資方法は変わらず、あなたの人生にはさほどの変化は起こらないままゲームセットとなります。

　それは、例えば、YouTubeで「オリンピック出場実績があるレッスンプロが教えるスキーの滑り方」や「賞金王の秘伝テクニックアプローチが簡単に感じられるようになる方法」というような動画を見ただけでは、たとえそれらがとびきり上質の教えであっても、スキーが滑れるようになったり、ゴルフのアプローチがうまくなったりしないのと同じです。実際にできるようになるためには、見たり読んだりすることだけに留まらず、小さなことからでいいので、まずは得たことを実践することが肝心なのです。

　時間の投資方法は一気に変える必要はありません。まずひとつ何か小さなことを変える。少しでも何かを変えると、その後、変化の連鎖が起こっていきます。

　例えば、感情メモを1日1行だけ書いてみる。最初は違和感があったり、Fさんのように「これを続けて何か起こるのかな」という思いが出てきたりするかもしれません。

　大事なことは、違和感があったり、疑問が出てきたりするということ自体が、あなたが「今までと何か違うことをしている」ということの証なのです。

　逆に、今までと同じことをし続けていると、違和感もなければ、疑問も湧かず、それまでどおりの心地良い世界で生きることができます。

　私たちの脳は、その心地良さのために動きを止める傾向を持っています。逆に、これまでとは違うことに対しては、「安全でない」と判断する性質を持っています。馴染みのあるもの、一貫性のある

ものをより安全だと判断するのです。

このため、あなたが続けてきたEQのために有効でない習慣でも、それが自分にとって馴染みがあり、これまでとの一貫性を感じると、そちらの方が優先されてしまうという不合理が、無意識のうちに行われてしまうのです。

この心地良さに安住しないことが肝心です。

あなたのこれまでの人生の中で、あなたが一番成長したと思えるときはいつだったでしょうか？

おそらく心地良いときではなかったことでしょう。

成長は違和感であったり、場合によっては心地良くない感情に向き合ったりすることで起こるのです。

私がこの本でお伝えしたいのは、違和感や心地良くない感情にガンガン向き合うような、ハードチャレンジで成長するということではありません。今までとは違うことを、毎日少しずつやることによって、違った未来をつくっていくということです。あなたが毎日やっていること、習慣にしていることが、あなた自身の未来をつくり上げていくのです。

新しい習慣が身に付くまでの時間には諸説ありますが、ユニバーシティ・カレッジ・ロンドンの研究者たちが行った食事や運動の習慣についての実験では、平均66日で習慣化するというデータがあります（最短では18日）。

習慣化するというのは、新しい行動がその人の中で「半自動化する」ということで、違和感がありながら意志の力を使って行っていたものが、違和感なく、しかも半自動的に行えるような状態になっていることです。

66日といえば約2カ月。これを長いと考える人もいるかもしれませんが、あなたの人生全体や仕事に大きなインパクトを与えるEQを高める習慣が、たった2カ月で身に付き、それがあなたの今後の人生に累積して影響を与え続けることを考えれば、かなりのスピード変革であると言えます。

> **ポイント**
>
> ・習慣を変えるということは、自分への時間の投資の仕方を変えること
> ・違和感があったり、疑問が出てきたりするということ自体が、あなたが「今までと何か違うことをしている」ということの証
> ・たとえ良くないことでも、脳は馴染みのあるもの、一貫性のあるものをより安全だと判断してしまう

未来の自分をイメージする

　時間の投資方法を変え、行動を変え、習慣を変えるには、それをする動機が明確であることが肝心です。あなたの動機を明確にするための質問を14個ほど投げるので、答えられるものを答えてみてください。

　答えることで明確になることや気づくことが出てくると思います。それらを基にこれからのアクションプランをつくり、実践していくことで、習慣化は断然進みやすくなります。

　答えられるものだけでいいので、次の問いに答えてください。

🏷 Part 1

①今のあなたの人生の充実度、満足度は10点満点中何点ですか？

②何がその点数をつくってくれていますか？

＊例えば5点の人なら、その5点を何がつくってくれているのか。

③10点満点とは具体的にどんな状態ですか？

④現在の状態と、10点満点の状態には、具体的にどんなギャップ
　がありますか？

⑤そのギャップをどうしたいですか？

Part 2

⑥人生において、仕事／キャリアにおいて、人間関係において、どんな不安がありますか？

⑦迎えたくない未来は、どんな未来ですか？

⑧迎えたい未来は、どんな未来ですか？

⑨EQを高めたいですか？

⑩そもそもなぜ、何のためにEQを高めたいのでしょうか？

⑪今のままのEQで迎える10年後と、仮にEQがしっかり高まった自分で迎える10年後とは、社会的立場、資産規模、健康度、幸福度、そして人間力などに、どれほどの違いを生むと思いますか？

⑫EQを高めた未来とそうでない未来、どちらの未来を選択したいですか？

⑬選択した未来のために、あなたができる小さな第一歩は何ですか？

＊この本に書いてある方法を参考に。

⑭今日明日中にできる小さな小さな一歩は何ですか？

＊○○を調べる。ノートの表紙に「感情日記」と書く。など

　さあ、これからこの一歩から進めてください。この本を読んで終わりにするのか、未来のために何らかの小さなアクションを起こしてみるのか？

　決めるのはあなた次第です。

> **ポイント**
>
> 習慣を変えるには、それをする動機が明確であることが肝心

■ 本物の力を付ける試み

ここで、EQを高めるSTEPのおさらいをしておきましょう。

STEP 1　自己理解

〈効果のあること〉

感情の見える化の習慣

湧き起こった感情についてメモに残す習慣

〈習慣化によって起こること〉

・行動する自分や感情を抱く自分と、それでいいと認める自分
（一歩離れて見ている自分）の2人がいる感じになる

→ 自分を客観視できるようになる

・自己否定が減る
他人と比較しないようになる
自分の中で安心感が生まれる

→ 自己受容が進む

〈習慣化のポイント〉

・感じた気持ちについてだけを具体的に書く（できるだけ毎日）

・感情の強さを1（とても弱い）から10（とても強い）の間でスケーリングしておく

・1回の量は問わない。1行だけでもいいし、書きたいときは数ページ書いてもよい

・書いてある自分の感情にいちいち良い悪いといった評価をしない

・出来事の反省や振り返りについて書きたい場合は、別のノートに書く（反省や振り返りモードに入ると、感情に良い悪いの評価が入ってしまうため）

　書いたことを、日々仲間に伝えることで、この習慣がさらに定着しやすくなります。
　詳しくは、Chapter 3 を再読。

今日中にできるステップ

ノートを1冊用意する

STEP 2　感情管理①

〈効果のあること〉

　自分を実況中継する習慣

〈習慣化によって起こること〉

- ・自分の中の切り離しができる → 自分を客観視できるように
  なる
- ・ネガティブな感情がネガティブな行動に直結しなくなる

〈習慣化のポイント〉

- ・まずは「私は怒っている」「私は悲しんでいる」のように客観
  視ができるようトライする
- ・「私は怒っている」→「怒っている私がいる」→「怒っている
  私を私は見ている」→「怒っている私を私はわかっている」
  のように、徐々により客観的、俯瞰的な言葉に変えながら実
  況中継していると、刺激に反応している自分からの切り離し
  が段階的に進んでいく
- ・怒っている状態にあだ名をつけて実況中継するのも、有効な
  方法
- ・体の状態の実況中継をすることも大切

詳しくは、Chapter 4 を再読。

┌─ **今日中にできるステップ** ─────────────
│
│　今この瞬間の気持ちを実況中継する
│
└──────────────────────────

STEP 2 　感情管理②

〈効果のあること〉

　　自分に問う習慣

〈習慣化によって起こること〉

　　・感情を通して、満たされないことについての、自分の心から
　　　のメッセージに気づく

　　・自分の価値観に気づくこともある

〈習慣化のポイント〉

　　「この感情からのメッセージは何だろう？」

　　「私は何が嫌なのだろう？」

　　「私は何が満たされないことを恐れているのだろう？」

　　と聞いてみる

　　詳しくは、Chapter 4 を再読。

　　今日中にできるステップ

　　今この瞬間の感情からのメッセージは何かを自分に聞く

STEP 2　感情管理③

〈効果のあること〉

　心が鎮まる言葉を口に出す習慣

〈習慣化によって起こること〉

・ショックなことがあったとき、心が乱されない

・ネガティブな感情がネガティブな行動に直結しなくなる

〈習慣化のポイント〉

・ショックなことが起こった後の感情と、言っている言葉に隔たりや違和感があっても、実際に口に出してみる

・1回だけでなく、何度も口に出してみる

詳しくは、Chapter 4 を再読。

> **今日中にできるステップ**
>
> いくつかの言葉を口に出し、起こることを感じてみる

STEP 3　共感

〈効果のあること〉

　相手のことを「わかりたい」と思う習慣

〈習慣化によって起こること〉

・意識が相手に向くようになる → 相手の感情を読み取ること
　に積極的になる
・傾聴が自然にできるようになる
・相手からこちらへの心の橋がかかり始める

〈習慣化のポイント〉

・相手への評価、決めつけ、ジャッジ、レッテル貼りを避ける
・重要なのは、相手に共感できている事実よりも、むしろ、相手
　に共感しようとする態度を持っていること
・「わかる。わかる」から「わかりたい。わかりたい」へ

詳しくは、Chapter 5 を再読。

今日中にできるステップ

今日これから話す身近な人の気持ちを、「わかりたい。わ
かりたい」と思って聴いてみる（うまく行かなくてもOK）

STEP 4　人間関係管理①

〈効果のあること〉

「わかりたい」と思う習慣　その２

〈習慣化によって起こること〉

・傾聴が自然にできるようになる

・相手からこちらへの心の橋がかかり始める

・相手のことや、相手を取り巻く状況が詳しく分り、相互理解
　や問題解決につながる

〈習慣化のポイント〉

・相手のことや、相手を取り巻く状況を「わかった気にならな
　い」

・「もっと詳しく教えて」と問いかける

・対話の本当の目的やゴールに常に立ち返る

詳しくは、Chapter 6 を再読。

今日中にできるステップ

今日の会話の中で、「もう少し詳しく教えて」のフレーズを
使ってみる

STEP 4　人間関係管理②

〈効果のあること〉

　本音でポジティブになる習慣

〈習慣化によって起こること〉

　・必要以上に自分を抑え込むことがなくなる

　・自分も相手も尊重することができる

　・相手との信頼関係を築くことができる

〈習慣化のポイント〉

　・相手に対する評価をいったんヨコにおいて、事実だけを見る

　・自分の感情を正確に把握する：怒りの場合、怒りの奥にある第一次感情が何かを見つける

　・感情からのメッセージである「あなたが必要としていること」を把握する

　・相手への批判をやめ、必要としていることを本音でポジティブに要求する

詳しくは、Chapter 6 を再読。

今日中にできるステップ

今日話す相手に対する評価を少しだけやめて、話を聴いてみる（うまくいかなくてもOK）

STEPを踏んでいくためのポイントは、「すべてを一度に完璧にやろうとしない」ということです。

何かうまくいかないと、つい自己否定をしてしまったり、SNSやメディアを見て、何かと人と比較してしまったりする人は、まずは、STEP 1の感情メモを付けることから始めてください。

この本を通してつけてもらいたいのは、本物の力です。

そういった意味で、EQを高める試みは、本物の力を付ける試みです。

この本でご紹介したように、その試みは至ってシンプルです。難易度からすれば、高校入試や大学入試に向けて日々勉強し続けるよりも遥かに低いでしょう。受験勉強まではしっかりやったのに、社会に出てからは、日々の業務に追われ、継続的なことができないまま、すでに何年も経ってしまっているという人も多いかもしれません。

仮に多くの人がそうならば、逆に言えば、それは大きなチャンスなのです。このシンプルな試みを毎日少しずつ続けることで、あなたのEQは確実に高まっていき、本物の力となっていくのです。

ここまで読んだあなたは、もうおわかりだと思いますが、**行動のステップを踏まずにああだこうだと言いながら、単に知識ばかり増やそうとしているのは、EQの低い人の特徴です。EQの高い人には実行力があり、EQを高めることで、その実行力はさらに高みへと向かうのです。**

この本を手に取っていただいたご縁を機に、ぜひ実践のステップを踏み、確実に進んでいっていただければと思います。

EQはことを続けていくことができる力である習慣力にも通じます。習慣化の成功率を高める技術については、『自分を変える習慣力』（クロスメディア・パブリッシング）に詳しく書いてありますので、ぜひそちらを参考にしてみてください。

　感情の見える化などについては、実践したということを他者と共有することで、習慣化の成功率が大きく高まります。これは、Fさんのように「今日も感情日記を書きました」の1行を、オンラインサロンのグループページに共有するだけでもOKです。入れられているFacebookグループや、SNSの情報共有ページなどがあれば、それを使って、毎日仲間と共有することをおすすめします。

> **ポイント**
>
> EQを高める試みは、本物の力を付ける試み

なぜ仲間と一緒だと
習慣化が進むのか

　早起きや運動など「なかなか習慣化ができない」という方が多いと思います。

　習慣化を進めるためには様々な方法がありますが、私がとても有効だと実感していることのひとつが、「仲間と一緒にやること」。これは習慣化の成功率を劇的に上げるといっても過言ではありません。

　習慣化が進むサイクルとして、きっかけ・刺激 → 行動 → 報酬というものがあります。何かをきっかけに行動をし、何らかの報酬が得られると、それを続けたくなるということです。

　Facebookを開いて、アイコンの横にある数字（自分の投稿などに反応があった数を示す数字）があると、人はそれをきっかけと刺激にアイコンをついクリックします（行動）。すると誰かが「いいね」をしてくれていたり、コメントを書いてくれたりすることが確認できて、少し嬉しくなります（報酬）。こんな構造によって、人はSNSに頻繁にアクセスするようになるのです（習慣化）。

　例えば、前出のFさんも入っている「オンラインサロン習慣塾（https://www.reservestock.jp/conclusions/4464）」のFacebookグループで、感情PDCA部のスレッドに入ると、多くの仲間たちが投稿しているのがわかります（きっかけ・刺激）。そして、「今日も感情日記を書きました。感情が少し乱れているということがわかりました」のように書き込む（行動）と、仲間たちから「いいね！」や、「乱れている中でも投稿できているところがナイス！」などの応援

や感想の書き込みがどんどん入ってきます（報酬）。このことにより、感情の見える化の行動がスムーズに習慣になっていくのです。

　ひとりでやっていると、あまり感じることができない「報酬」を、仲間とやることで、自然に得ることができるのです。

　サロンを運営していて言えることは、Facebookグループで投稿を頻繁に行っているサロンメンバーは、感情の見える化だけでなく、早起きやダイエット、運動や英語学習のなどが、確実に習慣化されていくということです。

「早起き部」のスレッドなどは、毎日早朝から「おはようございます！　今日も早起きができて快調です！」というような短い文の投稿がバンバン行われていきます。投稿を始める前には、8時ごろ起き、いつも駆け込むようにして通勤電車に乗っていたような人も、やがて5時台に起きるような習慣が付き、毎朝、ストレッチや瞑想、英語のラジオを聴くなど、充実した朝のスタートを送るようになっていきます（そして早起き部のスレッドに1行だけ投稿も）。

　新しい行動を確実に習慣化する力を、私は「習慣力」と呼んでいます。習慣力とは、「自分自身の行動をコントロールできる力」。この力は、この本の主題のひとつでもある「自分の感情をコントロールする力」にもつながります。仲間と一緒にやることで、この力が養成される確率が断然上がるのであれば、やってみる価値はかなり高いと言えるのではないでしょうか。

コラム

それは幸せにつながっているか

時代は、競争の時代から共感の時代に確実に移りつつあります。そこでさらに重要となってくるのは、人と人とのつながりです。成功の定義も、ただ単にお金持になるとか、高い地位に着くとかではなくなっています。「数字上では成功していても、人間関係で気分はいつも重い」では、本当の成功ではないのです。

社会的なパワーを持つと、相手の感情を読み取り、相手をおもんぱかるということに、多くの人が横着になります。アルフレッド・アドラーは、人間がその劣等感を克服しようとする動機から、「権力への意志」を持とうとする傾向のあることを強調しました。権力をもって、こちらの意のままに他者を動かしたいというのは、まさにエゴであり、横着さの表れでもあります。

一方、我々は、自分たちの中にエゴがあることを認めざるを得ません。人間だから仕方がないのです。我々は、このエゴをいかに鎮めていくか、という課題を抱えながら生きているとも言えます。

その点において、EQとは思慮深さや謙虚さなど、賢人のような聡明さの象徴であり、エゴを鎮めることができる能力なのです。そして、相手のことを理解し、おもんぱかるマインドを持った高い人間性の証でもあります。

そういった意味で、EQを高めることは、私たちの中のエゴや横着さと向き合い、それを乗り越えていくことです。それを乗り越えたときに、周りの人たちと、そして、より多くの人たちと心の橋をかけ合うことができる人間としての成長が待っているでしょう。

EQは、あなたの感情と思考のベストミックスの解を生む力であると同時に、あなたと他者との間にハーモニー（調和）を生む力でもあるのです。

　IQ+EQは、総合知性です。EQを高めることで、あなたの思考や、持っているスキル、そして得てきた経験が、さらに高いレベルで、成功に向かう力となって発揮されていくでしょう。

EQが持つ力

**感情と思考の
ベストミックスの
解を生む力**

**あなたと他者の間に
ハーモニー（調和）を
生む力である**

**AI（人工知能）
との間に、
ハーモニーを生む力**

今後のビジネスパーソン
としての究極の価値

　これからのエクスポネンシャルな時代において、ビジネス上で最初に淘汰されていくのは、スキルや情報のない人たちよりも、相手と心の橋をかけ合うことができない、EQ の低い人たちである可能性は極めて高いでしょう。組織の中でのポジションが上がるにつれて、EQが下がっていってしまうような人は、たとえポジションパワーのある立場に一旦なったとしても、その足元は非常に危うい状態だと言えます。

　人間には生物的側面と科学的側面があります。

生物学的側面は、感覚や感情で世界を捉えていく側面、科学的側面は、科学リテラシーによって世界を捉えていく側面です。ゲノム解析研究を行っている生命科学研究者の高橋祥子さんによると、「人間の生物学的側面は変化のスピードが遅いのに対して、科学的側面はどんどん変化しており、生物的側面が科学的側面の変化に追いついていないことの危機感を持っておく必要がある」とのことです。

これはまさに、AIをテコとした科学の発展のスピードが、指数関数的に加速していく今後において、我々がどのようにして生物的側面である感情を成長させ、倫理的な面も含め、自分をきちんとコントロールできるかを問われているということではないでしょうか?

そういった意味でも、感情と思考のハーモニーを生む力であるEQは、これからの時代において、より注目されるものになっていくでしょう。

自分の感情と思考のハーモニーを生むことができる人は、AIという発達した人工知能と、自分の感情とのハーモニーをも生んでいける可能性があるのです(これは、今後、ビジネスパーソンとしての究極の力となるでしょう)。

お伝えしてきたように、私たちは自分の感情の調教師であり、騎手でもあります。私たちが持っている感情というパワフルなじゃじゃ馬を、一流のサラブレッドに育て上げられた先には、自分自身を幸せにし、周りの人間の幸せに貢献できる素晴らしい人生へのトランスフォーメーションが待っているのです。

さあ、このトランスフォーメーションを楽しみながら進めていきましょう。

休み明けの朝、元気に仕事に向かう姿を、これからの世界を担う子供たちに、より多くのみなさんが見せることができるような社会になっていくことを願ってやみません。

> **ポイント**
>
> ・EQを高めることは、私たちの中のエゴや横着さと向き合い、それを乗り越えていくこと
> ・EQは、あなたと他者との間にハーモニーを生む力
> ・EQは、AIとの間にもハーモニーを生んでいく

■ エピローグ

　EQは、IQを生かし、活用することで知性へと昇華させることができる力です。

　IQを活用することができるということは、人工知能であるAIを活用することができる力でもあると言えます。そういった意味で、今後、私たちにとってより重要な力となっていくことは間違いありません。

　EQが高い人は、世の中的に言うただの「いい人」ではありません。己を理解し、他人をフェアに理解しようとする姿勢（自分も相手も尊重する姿勢）を持ちながら、人々との調和とシナジーを積極的に生み出していく、自主自律性とリーダーシップのある人です。

　一方、我欲（エゴ／小欲）とは自分だけが幸せになれればいいという欲、つまり自分が幸せになるために誰かを犠牲にするような欲のことです。この我欲のパワーで、組織での階段を上り詰めたり、特定分野で有名になったりすることもできるのです。しかし、我欲だけで得られた社会的パワーやポジションは、非常に不安定なものです。

　私がエグゼクティブコーチとして携わらせていただいている企業のトップの方や、若くして大きな成功を収めている起業家の方々の多くも、最初はこの我欲からスタートしているケースが決して少なくありません。しかし、我欲のパワーだけで走っていると、やがて周りの人たちとの関係性が思わしくなくなったり、組織から重要な人物がどんどんと去っていったりするような、大きな壁にいくつもぶち当たることになります。気がつけば、人一倍がんばっているのに、自分の心はボロボロということにもなりかねません。

　一方、仮に我欲からスタートしても、そういった痛みを経験した

ことをきっかけに、心の知能指数であるEQを高めていくことに努め、我欲を大欲（誰もが幸せになる欲　共に豊かになろうとする欲）に変えていくことで、人生は大きく変わっていきます。そして、自己を受容し、他者を承認し、多くの人たちが幸せになるためにエネルギーを使っていく結果として、成功と幸せの両方をしっかりと掴んでいくのです。

＊私のコーチングは、そちらの方向に進むためのお手伝いでもあります。

　コーチングのプロセスは、この本でお伝えしてきたEQを高めるプロセスに非常に似ています。似ているというよりは、人間の本来の成長の過程として、同様であるのは当然なのかもしれません。

　私のコーチングでは、自分の葬式のシーンを具体的にイメージしていただくことがあります。

　そこでは、「何の制約もなかったら、どんな葬式になっていると最高ですか？」という質問をします。

　次に、その最高の葬式をまるで天の上から見ているような感じで、

　どんな人が参列してくれているのか？

　どのくらいの人数の参列があるのか？

　その人たちは、生前のあなたとの思い出をどんなふうに語ってくれているのか？

　あなたにどんな形でお世話になったり、どんな影響があったと言ってくれているのか？

　などをイメージしてもらいます。

　そして、最終的には、

　その最高の葬式を迎えるために、これからどんなことをしていきますか？

　という質問をさせてもらいます。

人をおもんぱかる力のあるEQの高い人の葬式では、おそらく遠方からもたくさんの人が駆けつけ、故人との楽しかった思い出や、故人からお世話になった感謝のエピソードが次々に語られ、人がなかなか帰らないような状態になることでしょう。また、故人が参列者のみなさんの人生を変えるほどの影響を与えてくれていたことなども、たくさん語られるかもしれません。

　このように、EQの高い人は、人と人との間に深い絆を残していく人生を送ることができる、幸せな人なのだと思います。

　あなたが成功と幸せの両方を掴むために、この本がお役に立てることを願っています。

　これからあなたが、心の知能指数であるEQを高めるためにかける時間の投資は、やがて大きな実りとなって、あなたの人生を豊かにしていってくれるでしょう（これは私自身も、私のクライアントさんたちも実際に経験していることです）。

　行動と習慣化の過程で、ぜひこの本を何回も読み返して欲しいと思います。習慣化が進んでいくと、この本に書いてあることが実感としてリアルに感じられたり、最初に読んだときと捉え方が変わったりしているのがわかることでしょう。

　あなたには、そのトランスフォーメーションを内側から起こす力があるのです。

　EQは、組織にとって、差別化を生む競争力という魅力的な側面を持ちます。一方、従業員同士がお互いの共感を持ちながら、本物のシナジーのある環境を生み出し、生き生きと協働していけるようになることに、その真の価値があります。そして、その先に「休み明けの朝、元気に仕事に向かう人たち」が増えていく未来、働く喜

びを心の底から感じられる未来があるのです。

　組織力向上や従業員の自主自律性を醸成することなどについての
ご相談は、私が運営する株式会社チームダイナミクス（http://
www.teamdynamics.co.jp）にご連絡いただければと思います。チー
ムダイナミクスでは、人材育成や組織開発のご相談に乗りながら、
心理的安全性のある環境を生み出すことができるリーダーシップの
育成や、従業員エンゲージメント向上プログラム、社内コーチ養成
プログラムなど、従業員や組織全体に具体的な変化をもたらすイン
パクトのある施策をご提供しています。

　私たちは、アーティフィシャル（人工的）ではなく、リアルなイ
ンテリジェンスを持つ生命体です。そして、今後、さらにパワフル
さを増していくアーティフィシャルなインテリジェンス（AI）を、
私たちの頭と心のインテリジェンス（知性）と融合させながら、誰
もが幸せになる方向に活用していくことができたら、そこには最高
の未来が待っていることでしょう。

　私たち一人ひとりが、そんな未来の創造のためにしっかりと貢献
する社会になることを願いながらここで筆を置きたいと思います。

　あなたは力です。
　力の結晶です。

　この本の編集責任者としても関わっていただいたクロスメディ
ア・パブリッシングの小早川幸一郎社長、編集担当の小山文月さん、
そしてスタッフのみなさんに心から感謝申し上げます。小早川さん
には、今回も、編集者としての鋭い観点で、この本の方向性を示し
ていただきました。小早川さんとの仕事は、いつもエキサイティン

グで、本当に楽しいものとなっています。

　株式会社チームダイナミクスのメインメンバーである井川由香里さん、遠藤崇之さん、三石崇さん、山田覚也さんに感謝です。この本に書いたことの多くは、みなさんとの充実した仕事の中で培われたものです。いつも心から頼りにしています。

　今の私に大きな影響を与えてくれた平本あきおさん、宮越大樹さん、山崎啓支さんに感謝します。これからも何卒よろしくお願いします。

　今回登場したFさんをはじめとする、オンラインサロン「習慣塾（https://www.reservestock.jp/conclusions/4464）」の仲間たちに感謝です。みなさんとのリアルな学びを常に得られることは、私にとっても大きな財産となっています。

　最後に、いつも支え続けてくれている妻に感謝を伝えたいと思います。私が、様々な活動に集中できるのも、あなたのおかげです。本当にありがとう。

　そして最愛の息子と娘に本書を捧げます。あなたたちが近い将来、この本を読んでくれることを願って。

2021年8月　三浦将

〈参考文献〉

『2030年：すべてが「加速」する世界に備えよ』
　　ピーター・ディアマンディス／スティーブン・コトラー [著]、土方奈美 [訳]　ニューズピックス

『感情マネジメント：自分とチームの「気持ち」を知り最高の成果を生みだす』
　　池照佳代 [著]　ダイヤモンド社

『自分を変える習慣力：コーチングのプロが教える、潜在意識を味方につける方法』
　　三浦将 [著]　クロスメディア・パブリッシング

『ビジネスと人生の「見え方」が一変する 生命科学的思考』
　　髙橋祥子 [著]　ニューズピックス

『セルフ・アウェアネス』
　　ハーバード・ビジネス・レビュー編集部 [編]、DIAMONDハーバード・ビジネス・レ
　　ビュー編集部 [訳]　ダイヤモンド社

『ダボス会議に見る世界のトップリーダーの話術：言葉を超えたメッセージの戦い』
　　田坂広志 [著]　東洋経済新報社

『LIMITLESS超加速学習：人生を変える「学び方」の授業』
　　ジム・クウィック [著]、三輪美矢子 [訳]　東洋経済新報社

『人間の品格：安岡正篤先生から学んだこと』
　　下村澄 [著]　大和出版

『やり抜く力：人生のあらゆる成功を決める「究極の能力」を身につける』
　　アンジェラ・ダックワース [著]、神崎朗子 [訳]　ダイヤモンド社

『夜と霧』
　　ヴィクトール・E.フランクル [著]、池田香代子 [訳]　みすず書房

『私とは何か：「個人」から「分人」へ』平野啓一郎 [著]　講談社

『EAハーバード流こころのマネジメント：予測不能の人生を思い通りに生きる方法』
　　スーザン・デイビッド [著]、須川綾子 [訳]　ダイヤモンド社

『EQ：こころの知能指数』ダニエル・ゴールマン [著]、土屋京子 [訳]　講談社

『EQこころの鍛え方』髙山直 [著]　東洋経済新報社

『EQトレーニング』髙山直 [著]　日本経済新聞出版社

『EQ2.0：「心の知能指数」を高める66のテクニック』
　　トラヴィス・ブラッドベリー／ジーン・グリーブス [著]、関美和 [訳]　サンガ

『NVC：人と人との関係にいのちを吹き込む法』
　　マーシャル・B・ローゼンバーグ [著]、安納献 [監訳]、小川敏子 [訳]　日本経済新聞出版社

『Resolve・自分を変える最新心理テクニック：神経言語プログラミングの新たな展開』
　　リチャード・ボルスタッド [著]、橋本敦生 [監訳]、浅田仁子 [訳]　春秋社

読者特典

本書内にある書き込みメモのPDFを
ダウンロードできます。
印刷してご利用ください

https://cm-group.jp/LP/40588/

【著者略歴】

三浦　将（みうらしょうま）

人材育成・組織開発コンサルタント／エグゼクティブコーチ
株式会社チームダイナミクス　代表取締役
英国立シェフィールド大学大学院修了（MSc：Master of Science　理学修士）

大手広告会社、外資系企業を経て、「休み明けの朝、元気に仕事に向かう人たちをこの社会に増やす」を目的とし、人材育成・組織開発コンサルティングや企業研修プログラムを提供する株式会社チームダイナミクスを設立。アドラー心理学やNLP（Neuro Linguistic Programing：神経言語プログラミング）を駆使した効果的な手法で、自主自律性やリーダーシップのある人材の育成を始め、従業員エンゲージメントと心理的安全性の高い組織／チーム作りの促進をサポートしている。学習内容の実践と習慣化を重視したその研修プログラムのリピート率は、実に95％を超える。エグゼクティブコーチとして、CEOを始めとする企業経営層や、新進気鋭の起業家、アーチスト、オリンピック日本代表アスリートなどからのセッション依頼が殺到しており、クライアントのさらなるステージアップを次々に実現している。また、習慣による能力開発のための実験ラボ的なオンラインサロンである「習慣塾」を主宰し、人の潜在能力発揮を促す手法についての実験や検証を、塾生とともに日々繰り返している。

『自分を変える習慣力』『相手を変える習慣力』『チームを変える習慣力』（クロスメディア・パブリッシング）他、著書は中国、韓国、台湾、香港などでも発売され、累計は30万部を超える。

株式会社チームダイナミクス ウェブサイト：http://www.teamdynamics.co.jp
メールマガジン：https://www.reservestock.jp/subscribe/24613
オンラインサロン「習慣塾」：https://www.reservestock.jp/conclusions/4464

心の知能指数を高める習慣

2021年 8月 21日　初版発行

発 行　株式会社クロスメディア・パブリッシング

発 行 者　小早川 幸一郎

〒151-0051　東京都渋谷区千駄ヶ谷 4-20-3 東栄神宮外苑ビル
https://www.cm-publishing.co.jp

■本の内容に関するお問い合わせ先 ······················ TEL (03)5413-3140／FAX (03)5413-3141

発 売　株式会社インプレス

〒101-0051　東京都千代田区神田神保町一丁目 105 番地

■乱丁本・落丁本などのお問い合わせ先 ················ TEL (03)6837-5016／FAX (03)6837-5023
service@impress.co.jp

（受付時間 10:00 〜 12:00、13:00 〜 17:00　土日・祝日を除く）
※古書店で購入されたものについてはお取り替えできません

■書店／販売店のご注文窓口
株式会社インプレス 受注センター ························ TEL (048)449-8040／FAX (048)449-8041
株式会社インプレス 出版営業部 ································ TEL (03)6837-4635

ブックデザイン　金澤浩二
DTP　内山瑠希乃
図版作成　長田周平
©Shoma Miura 2021 Printed in Japan

印刷　株式会社文昇堂／中央精版印刷株式会社
製本　誠製本株式会社
ISBN 978-4-295-40588-7 C2034

良い習慣を1つ始めると、
悪い習慣がすべて変わる

Business Life
002

20万部突破の
ベスト
セラー！

自分を変える
習慣力

三浦将
SHOMA MIURA

コーチングのプロが教える、
潜在意識を味方につける方法

この本を読んで
毎朝5時起きを始めた。
すると、食生活や働き方、
体型、お金の使い方、
すべてが変わった。

自分を変える習慣力

三浦将（著）／定価：1,518円（本体1,380円＋税10%）

この本では、「自分を変えたい」という方に向け、まずはすべての習慣のキーとなる
「スイッチとなる習慣」を身に付け、生活を抜本的に変える秘訣をお教えします。
次に潜在意識の特性を理解し、セルフコーチングを応用することによって、苦労せ
ず良い習慣を身に付けていくスキルを習得していきましょう。

無理なく自然に相手が変わる方法

Business Life
006

ヨコの
関係づくりを
具体的に
解説

三浦将
SHOMA MIURA

相手を変える
習慣力

コーチングのプロが教える、
相手の潜在意識を味方につける方法

この本を読んで会話を
変えてみた。すると、
関係がうまくいかない人
へのイライラやモヤモヤ
が消えてなくなった。

相手を変える習慣力

三浦将(著)／定価：1,518円（本体1,380円＋税10%）

部下や上司、同僚、取引先など、まわりの人たちに対し、なぜかイライラしてしまう。「なぜこうしないのか？」「なぜそんなこともできないのか？」「相手を変えたい」「変わってほしい」人の行動を変えるのは大変です。本書では、メンタルコーチングのメカニズムやアドラー心理学をもとに「相手を変える」秘訣を紹介します。